CONTEÚDO DIGITAL PARA ALUNOS

Cadastre-se e transforme seus estudos em uma experiência única de aprendizado:

1 Entre na página de cadastro:
https://sistemas.editoradobrasil.com.br/cadastro

2 Além dos seus dados pessoais e dos dados de sua escola, adicione ao cadastro o código do aluno, que garantirá a exclusividade do seu ingresso à plataforma.

5708620A4412781

CB015070

3 Depois, acesse: https://leb.editoradobrasil.com.br/
e navegue pelos conteúdos digitais de sua coleção :D

Lembre-se de que esse código, pessoal e intransferível, é válido por um ano. Guarde-o com cuidado, pois é a única maneira de você acessar os conteúdos da plataforma.

Editora do Brasil

ASSIM EU APRENDO

INTEGRADO

ORGANIZADORA: EDITORA DO BRASIL

- LINGUAGEM
- MATEMÁTICA
- NATUREZA
- SOCIEDADE

3

Educação Infantil

2ª edição
São Paulo, 2022

Editora do Brasil

Dados Internacionais de Catalogação na Publicação (CIP)
(Câmara Brasileira do Livro, SP, Brasil)

Assim eu aprendo : integrado : educação infantil, 3 / organizadora Editora do Brasil. -- 2. ed. -- São Paulo : Editora do Brasil, 2022. -- (Assim eu aprendo)

ISBN 978-85-10-08550-2 (aluno)
ISBN 978-85-10-08547-2 (professor)

1. Linguagem (Educação infantil) 2. Matemática (Educação infantil) 3. Natureza (Educação infantil) 4. Sociedade (Educação infantil) I. Série.

22-117354   CDD-372.21

Índices para catálogo sistemático:
1. Ensino integrado : Livros-texto : Educação infantil   372.21

Cibele Maria Dias - Bibliotecária - CRB-8/9427

2ª edição / 2ª impressão, 2024
Impresso na PifferPrint

Editora do Brasil

Avenida das Nações Unidas, 12901
Torre Oeste, 20º andar
São Paulo/SP – CEP 04578-910
Fone: + 55 11 3226-0211
www.editoradobrasil.com.br

abdr
ASSOCIAÇÃO BRASILEIRA DOS DIREITOS REPROGRÁFICOS
Respeite o direito autoral

© Editora do Brasil S.A., 2022
Todos os direitos reservados

Direção-geral: Vicente Tortamano Avanso

Diretoria editorial: Felipe Ramos Poletti
Gerência editorial de conteúdo didático: Erika Caldin
Gerência editorial de produção e design: Ulisses Pires
Supervisão de artes: Andrea Melo
Supervisão de editoração: Abdonildo José de Lima Santos
Supervisão de revisão: Elaine Cristina da Silva
Supervisão de iconografia: Léo Burgos
Supervisão de digital: Priscila Hernandez
Supervisão de controle de processos editoriais: Roseli Said
Supervisão de direitos autorais: Marilisa Bertolone Mendes

Supervisão editorial: Carla Felix Lopes
Edição: Jamila Nascimento e Mariana Muller Cascadan
Assistência editorial: Beatriz Pineiro Villanueva
Auxílio editorial: Marcos Vasconcelos
Revisão: Alexander Siqueira, Andréia Andrade, Beatriz Dorini, Bianca Oliveira, Fernanda Sanchez, Gabriel Ornelas, Giovana Sanches, Jonathan Busato, Júlia Castello, Luiza Luchini, Maisa Akazawa, Mariana Paixão, Martin Gonçalves, Rita Costa, Rosani Andreani e Sandra Fernandes
Pesquisa iconográfica: Ana Brait
Tratamento de imagens: Robson Mereu
Design gráfico: Andrea Melo e Samira de Souza
Capa: Diego Lima
Imagem de capa: Leo Teixeira
Edição de arte: Camila de Camargo e Marcos Gubiotti
Ilustrações: Agueda Horn, André Valle, Brambilla, Bruna Ishihara, Camila de Godoy, Camila Hortêncio, Camila Sampaio, Carolina Antunes, Carolina Sartório, Clarissa França, DAE (Departamento de Arte e Editoração), Edson Farias, Eduardo Belmiro, Estúdio Dois de Nós, Estúdio Mil, Estúdio Ornitorrinco, Evandro Marenda, Flip Estúdio, Gutto Paixão, Henrique Brum, Ilustra Cartoon, Ionit Zilberman, Janete Trindade, Lilian Gonzaga, Lorena Kaz, Luiz Lentini, Maira Nakazaki, Marcelo Azalim, Marcos Machado, Paulo José, Reinaldo Vignati, Ricardo Ventura, Rodrigo Arraya e Silvana Rando
Editoração eletrônica: Lótus Estúdio e Produção
Licenciamentos de textos: Cinthya Utiyama, Jennifer Xavier, Paula Harue Tozaki e Renata Garbellini
Controle de processos editoriais: Bruna Alves, Julia do Nascimento, Rita Poliane, Terezinha de Fátima Oliveira e Valéria Alves

APRESENTAÇÃO

Querida criança,

Você gosta de desenhar, pintar, recortar, colar, contar, ler e escrever?

Então, saiba que este livro foi feito especialmente para você!

Nas páginas a seguir, você descobrirá que aprender é muito divertido!

Este livro traz brincadeiras, cantigas, histórias, jogos, desenhos para colorir, curiosidades e muitas outras coisas que foram pensadas especialmente para você, criança curiosa e transformadora do mundo ao redor.

Cuide bem de seu livro, trate-o com carinho, pois ele fará parte de seu dia a dia na escola e contribuirá para seu crescimento e desenvolvimento.

FICHA DO ALUNO

Dados

Nome: _____

Endereço: _____

_____ nº : _____

Bairro: _____ Telefone: _____

Cidade: _____ Estado: _____

Papai (ou responsável): _____

Mamãe (ou responsável): _____

Irmãos (se houver): _____

SUMÁRIO

Linguagem

- Unidade 1 – Coordenação visomotora 9
- Unidade 2 – As vogais 17
- Unidade 3 – Encontros vocálicos.... 19
- Unidade 4 – A letra **B** 21
- Unidade 5 – A letra **C** 25
- Unidade 6 – A letra **D** 30
- Unidade 7 – A letra **F** 34
- Unidade 8 – A letra **G** 38
- Unidade 9 – A letra **H** 43
- Unidade 10 – A letra **J** 46
- Unidade 11 – A letra **K** 50
- Unidade 12 – A letra **L** 52
- Unidade 13 – A letra **M** 56
- Unidade 14 – A letra **N** 60
- Unidade 15 – A letra **P** 64
- Unidade 16 – A letra **Q** 68
- Unidade 17 – A letra **R** 71
- Unidade 18 – A letra **S** 75
- Unidade 19 – A letra **T** 79
- Unidade 20 – A letra **V** 83
- Unidade 21 – A letra **W** 87
- Unidade 22 – A letra **X** 89
- Unidade 23 – A letra **Y** 93
- Unidade 24 – A letra **Z** 95
- Unidade 25 – O alfabeto 99
- Unidade 26 – **R** inicial, **r** entre vogais e **rr** 104
- Unidade 27 – **S** inicial, **s** entre vogais e **ss** 107
- Unidade 28 – Palavras com **nha**, **nhe**, **nhi**, **nho**, **nhu** 111
- Unidade 29 – Palavras com **lha**, **lhe**, **lhi**, **lho**, **lhu** 114
- Unidade 30 – Palavras com **cha**, **che**, **chi**, **cho**, **chu** 117
- Unidade 31 – A cedilha: **ça**, **ço**, **çu** 120
- Unidade 32 – Palavras com **as**, **es**, **is**, **os**, **us** 122
- Unidade 33 – Palavras com **ar**, **er**, **ir**, **or**, **ur** 125
- Unidade 34 – Palavras com **al**, **el**, **il**, **ol**, **ul** 128
- Unidade 35 – Palavras com **am**, **em**, **im**, **om**, **um** 131
- Unidade 36 – Palavras com **an**, **en**, **in**, **on**, **un** 135
- Unidade 37 – Palavras com **az**, **ez**, **iz**, **oz**, **uz** 138
- Unidade 38 – Palavras com **br**, **cr**, **dr**, **fr**, **gr**, **pr**, **tr** e **vr** 141
- Unidade 39 – Palavras com **bl**, **cl**, **fl**, **gl**, **pl** e **tl** 144

- Unidade 40 – Palavras com **gua**, **guo**, **gue**, **gui** 147
- Unidade 41 – Os sons da letra **X** 149

Matemática

- Unidade 1 – Coordenação visomotora 153
- Unidade 2 – Recordando os numerais de 0 a 10 157
- Unidade 3 – Agrupamentos 163
- Unidade 4 – Dezena e meia dezena 173
- Unidade 5 – Numerais de 11 a 50 ... 176
- Unidade 6 – Dúzia e meia dúzia ... 185
- Unidade 7 – Adição de números naturais 187
- Unidade 8 – Subtração de números naturais 192
- Unidade 9 – Números pares e números ímpares 197
- Unidade 10 – Números ordinais 201
- Unidade 11 – Numeração romana 204
- Unidade 12 – Nosso dinheiro 207
- Unidade 13 – Medidas 210

Natureza

- Unidade 1 – Coordenação visomotora 223
- Unidade 2 – Os seres vivos e os elementos não vivos 227
- Unidade 3 – As plantas 231
- Unidade 4 – Os animais 244
- Unidade 5 – Recursos naturais 260
- Unidade 6 – Corpo humano 264
- Unidade 7 – Os sentidos 269
- Unidade 8 – Hábitos de higiene e saúde 275
- Unidade 9 – Origem dos alimentos 280
- Unidade 10 – A água 285
- Unidade 11 – O ar 291
- Unidade 12 – Coleta seletiva e reciclagem 295

Sociedade

- Unidade 1 – Coordenação visomotora 299
- Unidade 2 – Você 303
- Unidade 3 – A família 307
- Unidade 4 – O lar 310
- Unidade 5 – A escola 315
- Unidade 6 – As profissões 321
- Unidade 7 – A rua 324
- Unidade 8 – O trânsito 327
- Unidade 9 – Os meios de transporte 331
- Unidade 10 – Os meios de comunicação 335
- Unidade 11 – Datas comemorativas 338

LINGUAGEM

Cataratas do Iguaçu

Localizadas no Parque Nacional do Iguaçu, na cidade de Foz do Iguaçu, Paraná, as **cataratas do Iguaçu** são o maior conjunto de quedas-d'água do planeta. Por isso, o parque é considerado Patrimônio Natural da Humanidade e recebe milhares de turistas do mundo todo. Além das quedas-d'água, o parque é rodeado por vegetação nativa e apresenta uma vasta diversidade de fauna e flora.

As cataratas são uma verdadeira "fábrica de arco-íris": a combinação das gotas de água com a luz do Sol produz um espetáculo de cores diariamente.

Cataratas do Iguaçu. Foz do Iguaçu, Paraná.

UNIDADE 1

Coordenação visomotora

Trace com pincel e tinta guache o caminho que leva cada animal a sua casa.

Cubra o tracejado para levar as borboletas até as flores.

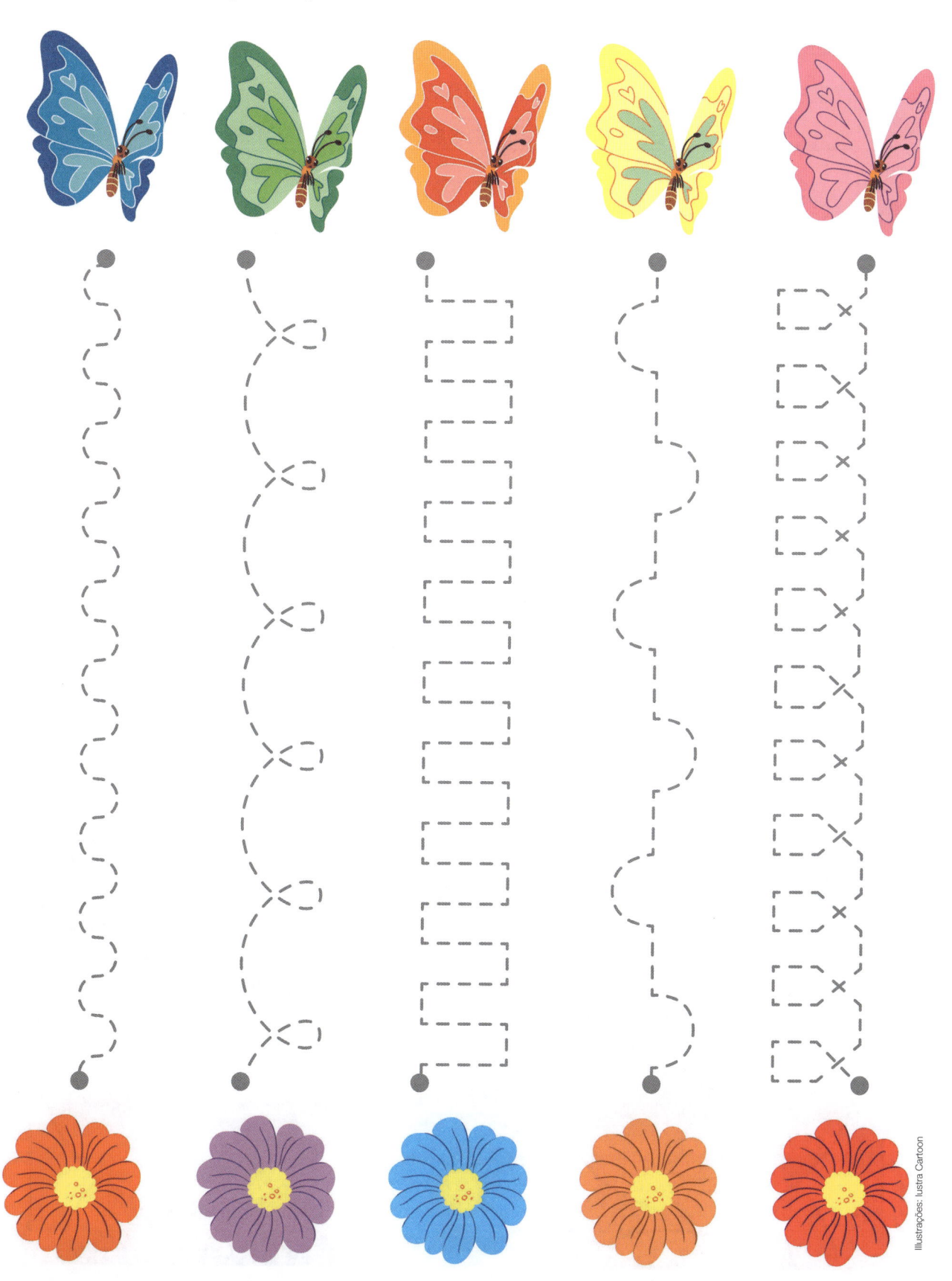

Com canetinha hidrocor, cubra o pontilhado dos cabelos das crianças. Depois, pinte-os com cores diferentes.

Pinte as ventosas do polvo com cotonete e tinta guache. Depois, pinte o corpo dele com lápis de cor.

Com lápis de cor, desenhe listras ou pintas no corpo dos animais.

Você gosta de brincar no parque?

Encontre sete diferenças entre as cenas e marque-as com um **X**.

UNIDADE 2

As vogais

Vamos relembrar as vogais?

Cubra o tracejado das vogais de acordo com a legenda.

Escreva seu nome e pinte somente as vogais dele.

Faça um desenho para representar cada vogal.

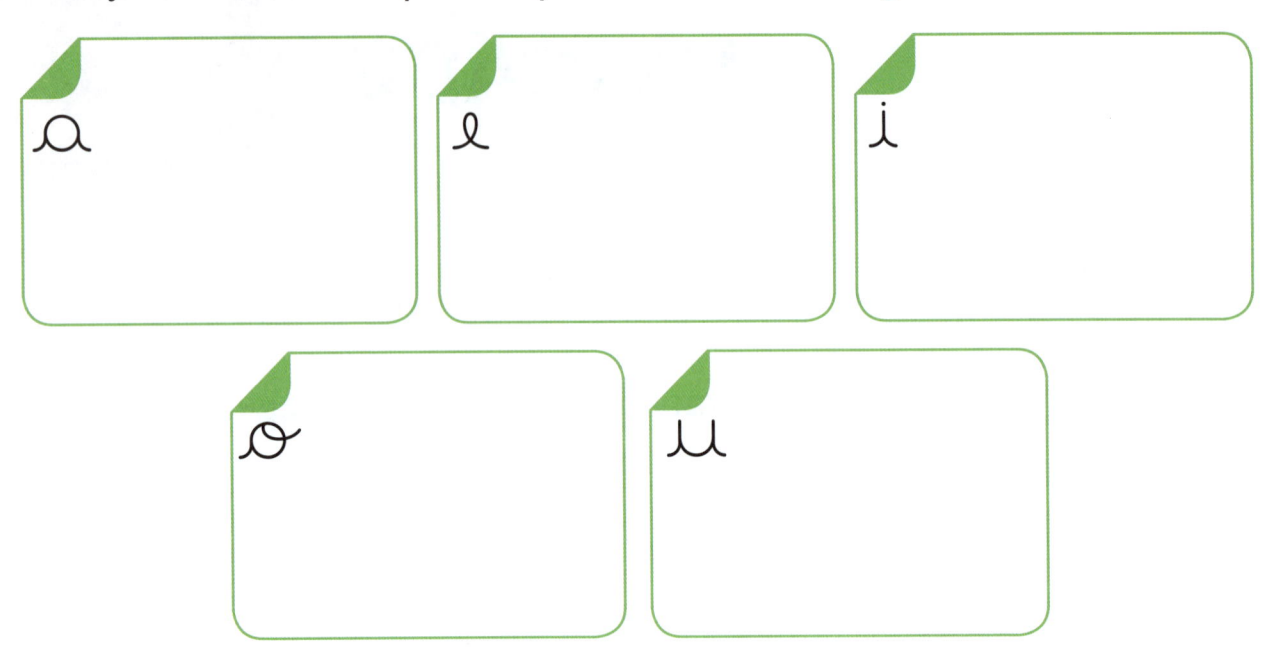

| a | e | i |

| o | u |

Com a ajuda do professor, escreva um nome com cada vogal.

A

E

I

O

U

UNIDADE 3

Encontros vocálicos

Vamos relembrar os encontros vocálicos?

Observe as palavras e pinte apenas as letras que formam os encontros vocálicos. Depois, escreva-os nas pautas.

ai	o	e	i	a	
au	u	o	i	a	
ei	o	e	i	u	
eu	u	e	o	i	
oi	e	o	i	u	
ui	u	e	i	o	

Circule os encontros vocálicos nas palavras e escreva-os nas linhas.

navio

cenoura

_____

_____

peixe

melancia

_____

_____

caixa

moeda

_____

_____

UNIDADE 4

A letra B

banana

Vamos relembrar a letra b/B? Cubra o tracejado e, depois, copie-a.

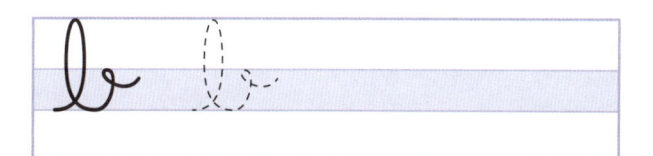

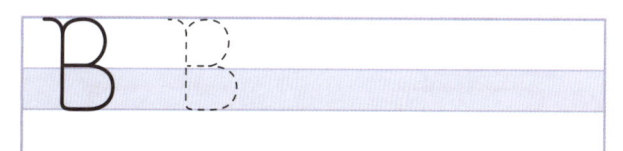

Agora, cubra o tracejado da família da letra b/B e copie-a na linha de baixo.

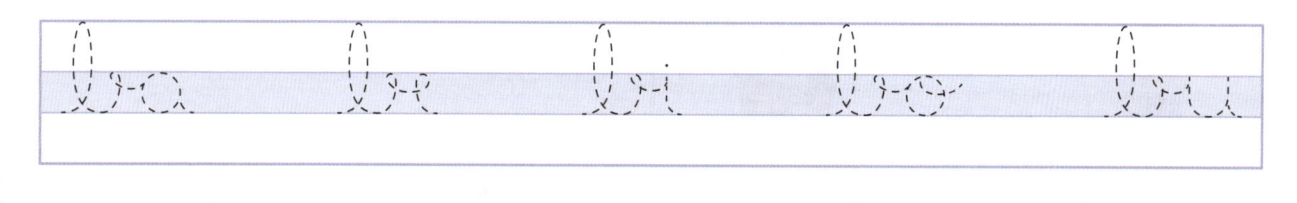

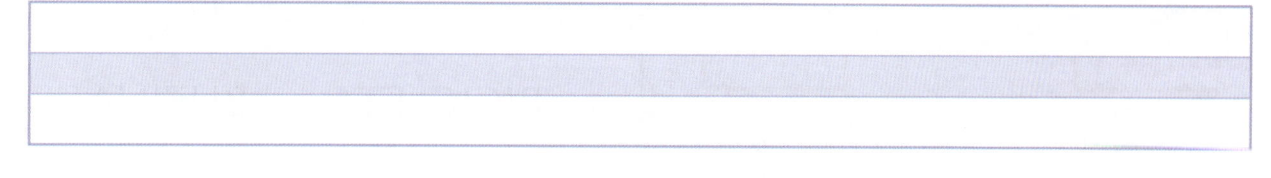

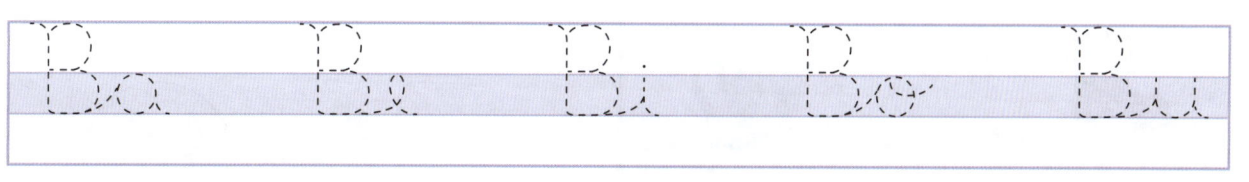

ba be bi bo bu

Ba Be Bi Bo Bu

Escreva nos quadrinhos o pedacinho inicial do nome de cada imagem. Depois, complete as palavras com ba, be, bi, bo ou bu.

> Os pedacinhos das famílias são chamados de **sílabas**.

___lão

___lo

___bê

___gode

___ta

___le

Pinte apenas as imagens cujo nome começa com a letra **B**. Depois, escreva o nome delas com letra cursiva.

BARCO   BALEIA

_____ _____

BONECA   FLOR

_____ _____

BICICLETA   BUZINA

_____ _____

JARRA   BOLA

_____ _____

Ouça a leitura do texto e faça um desenho para ilustrá-lo. Depois, responda às perguntas.

> Foi na Bahia que Bruno, Bel e Bernardo viram o balé das baleias.
>
> Jonas Ribeiro. **Alfabético**: almanaque do alfabeto poético. São Paulo: Editora do Brasil, 2015. p. 13.

- Onde as crianças viram o balé?

  ☐ Na Bahia.   ☐ Em Brasília.

- Quem estava dançando balé?

  ☐ Os golfinhos.   ☐ As baleias.

- Quem viu as baleias?

  ☐ Bruno, Bel e Bernardo.   ☐ Ana, Bia e Rafael.

Pinte o quadrinho da palavra que corresponde a cada imagem. Depois, copie-a na linha.

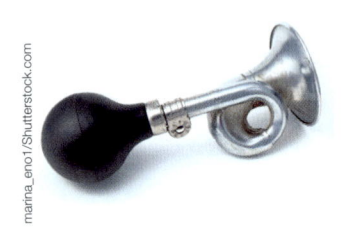

| bule | _____ |
| banana | |

| bota | _____ |
| batata | |

| buzina | _____ |
| bola | |

| bala | _____ |
| beterraba | |

| bico | _____ |
| barco | |

| boneca | _____ |
| balanço | |

UNIDADE 5

A letra C

caju

Vamos relembrar a letra c/C? Cubra o tracejado e, depois, copie-a.

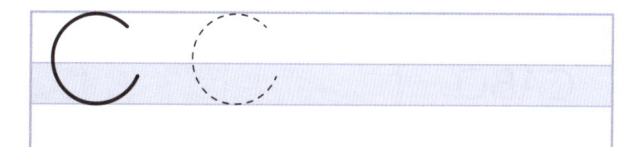

Agora, cubra o tracejado da família da letra c/C e copie-a na linha de baixo.

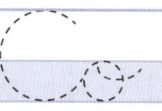

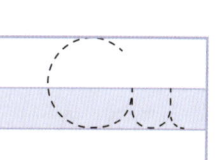

Circule nas palavras as sílabas ca, co e cu.

cubo   cana   copo
saco   coco   cuca
colar calo   cupim
vaca   bico   caju

Divida as palavras em pedacinhos. Depois, pinte as sílabas **CA**, **CO** e **CU**.

CABO

CUCA

COCO

CANA

COLA

CUCO

Complete as palavras com as sílabas ca, co ou cu.

___sa   ___co

___fre   ___fé

___ma   ___cau

___e   ___pa

26

Ouça a leitura do texto e descubra algumas curiosidades sobre dois animais brasileiros. Depois, sublinhe as palavras que apresentam ca, co e cu.

Corocoxó

Vive no oeste do Brasil [...]. Seus alimentos preferidos são coquinhos do palmito ou do açaí [...] Quando canta, ele faz este som engraçado: corocoxó, corocoxó!

Cuxiú-de-nariz-branco

[...] Os cuxiús vivem em grupos e só se separam na hora de comer. Cú, ficam assobiando para saber onde o outro está. Gostam de castanha-do-pará, sementes e alguns insetos.

Lalau e Laurabeatriz. **Bem brasileirinhos**: poesias para os bichos mais especiais de nossa fauna. São Paulo: Cosac Naify, 2004. p. 8 e 9.

Marque um **X** 🟢 nas alternativas que correspondem ao corocoxó e um **X** 🟡 nas que correspondem ao cuxiú-de-nariz-branco.

- [ ] É uma ave.
- [ ] É um macaco.
- [ ] Gosta de comer castanha-do-pará.
- [ ] Gosta de comer coquinhos.

Na família da letra *c*, os pedacinhos *ce* e *ci* têm som diferente.

cebola

Cubra o tracejado da família da letra *c*/C e copie-a na linha de baixo.

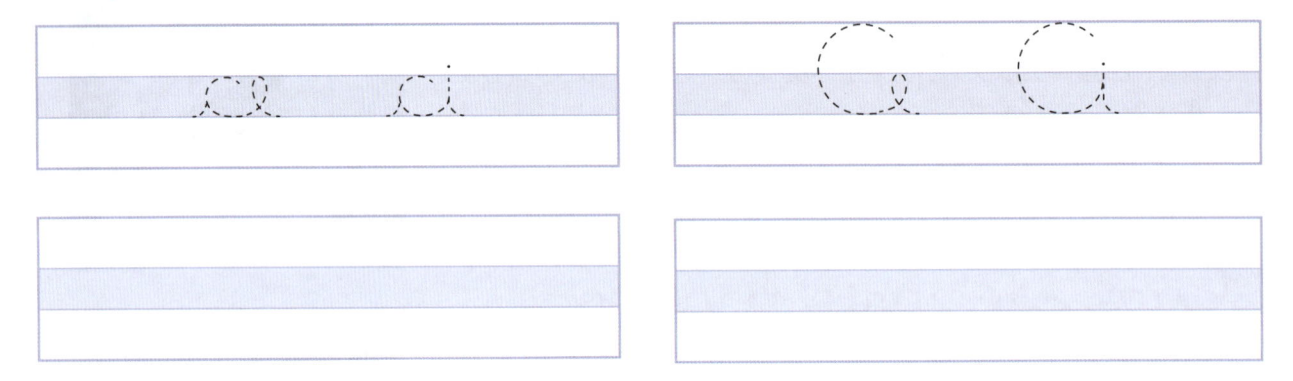

Junte as sílabas e forme palavras com *ce* e *ci*.

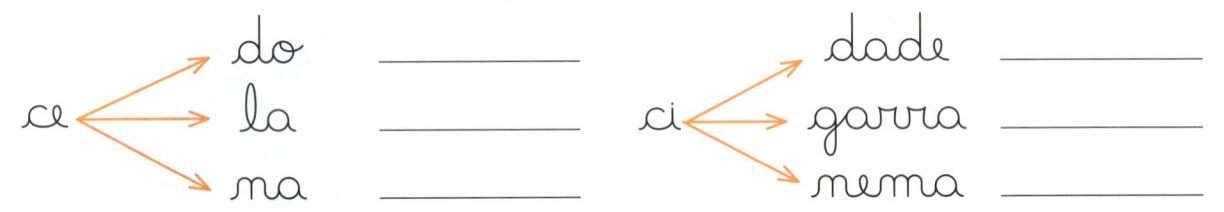

ce → do / la / ma

ci → dade / garra / nema

Complete as palavras com *ce* ou *ci*.

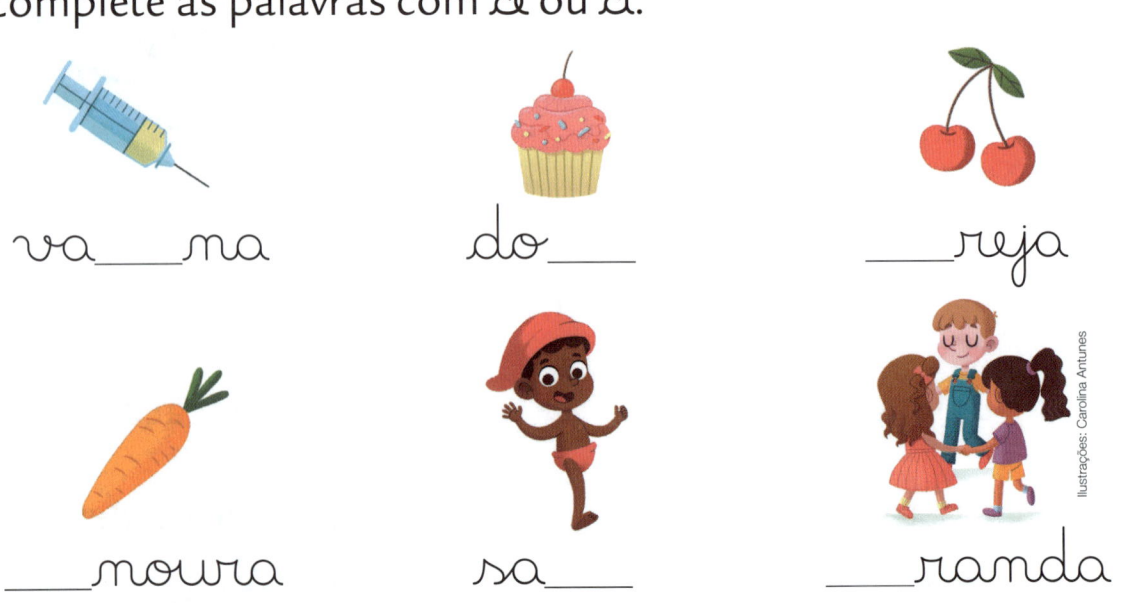

va___na

do___

___reja

___noura

sa___

___randa

Ouça a leitura da parlenda e sublinhe as palavras que têm a família da letra *c*.

> A casinha da vovó
> Cercadinha de cipó
> O café tá demorando
> Com certeza não tem pó.
>
> Parlenda.

Complete o quadro com as palavras da família da letra *c* sublinhadas no texto, de acordo com o som.

Som do *c* de caju	Som do *c* de cebola

Diga em voz alta as palavras a seguir e preste atenção nas vogais que vêm depois da letra *c*.

| casa   coco   cebola   cubo   cipó |

- Antes das vogais ____, ____ e ____ a letra *c* tem som de /k/ como em caju.
- Antes das vogais ____ e ____ a letra *c* tem som de /s/ como em cebola.

UNIDADE 6

A letra D

dinossauro

Vamos relembrar a letra d/D? Cubra o tracejado e, depois, copie-a.

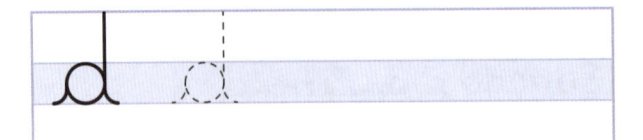

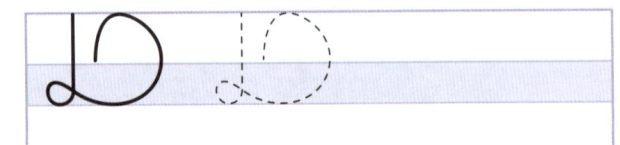

Agora, cubra o tracejado da família da letra d/D e copie-a na linha de baixo.

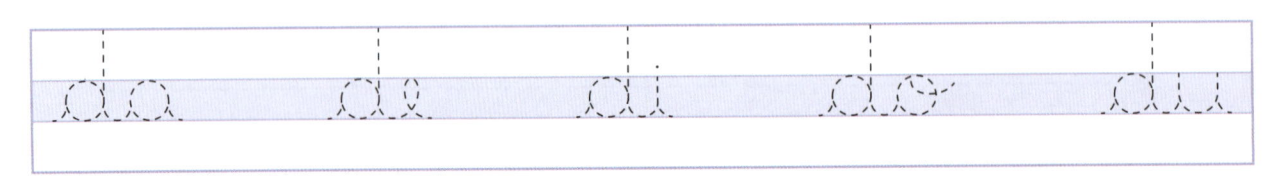

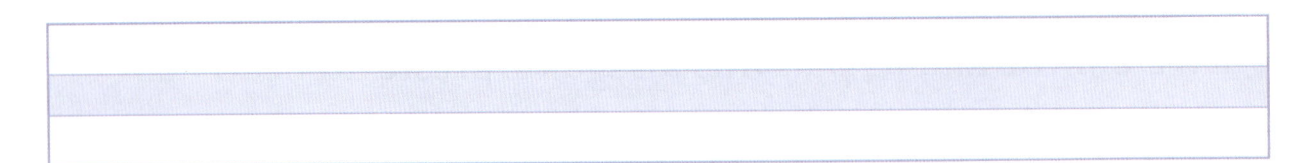

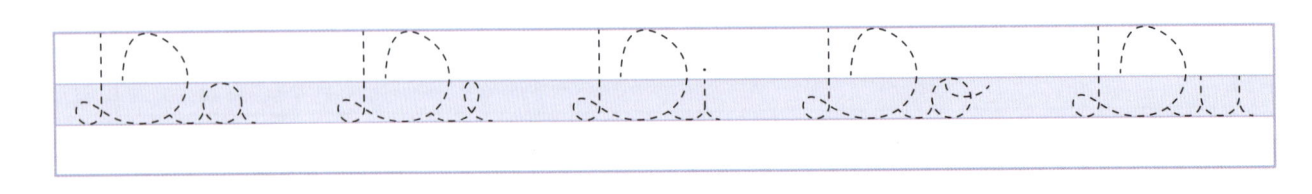

Ouça a leitura do poema e, depois, circule a família da letra d/D nas palavras.

As sardas de Dora

Dora que adora
Sorvete de pistache
Tem sardas no rosto
Tem sardas em guache
E um brilho nos olhos
De cor de abacate
As sardas de Dora,
De água marinha,
São sardas pequenas,
São sardas sardinhas
Que nadam no rosto
Iguais a tainhas.

Sérgio Capparelli. **111 poemas para crianças**. Porto Alegre: L&PM, 2009. p. 50.

Com lápis de cor 🟠, desenhe sardas no rosto de Dora.

Ordene as sílabas e descubra as palavras da família da letra **D**. Depois, escreva-as nas linhas.

2	3	1
CA	DA	CO

2	1	3
DA	I	DE

3	1	2
DE	CA	BI

_____   _____   _____

3	2	1
DO	DA	CUI

2	1
DE	BO

2	1
DO	DE

_____   _____   _____

Com a ajuda do professor, escreva o nome das imagens.

Cante a cantiga com os colegas e o professor. Depois, pinte as palavras de acordo com a legenda.

🟣 Palavras que têm a família da letra d no meio delas.

🟡 Palavras que têm a família da letra d no começo e no meio delas.

Os dedinhos

Polegares, polegares
Onde estão? Aqui estão!
Eles se saúdam,
Eles se saúdam
E se vão! E se vão!

Indicadores, indicadores...

Dedos médios, dedos médios...

Anelares, anelares...

Dedos mínimos, dedos mínimos...

Todos os dedos, todos os dedos....

Cantiga.

UNIDADE 7

A letra F

folha

Vamos relembrar a letra f/F? Cubra o tracejado e, depois, copie-a.

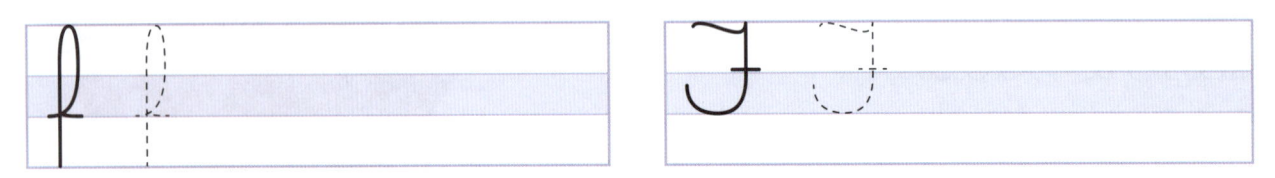

Agora, cubra o tracejado da família da letra f/F e copie-a na linha de baixo.

Complete as palavras com fa, fe, fi, fo ou fu.

____da   ____ca   ____ca

____go   ca____   ____vela

Ordene as sílabas e forme palavras com a família da letra **F**. Siga o modelo.

CA	FA	FACA	DA	FA	_____
CO	FO	_____	CA	FO	_____
TA	FI	_____	GO	FI	_____
LIZ	FE	_____	RA	FE	_____
BÁ	FU	_____	GA	FU	_____

Ouça o trava-língua e repita-o o mais rápido que conseguir. Depois, circule a família da letra f/F nas palavras.

*Farofa feita
Com muita farinha fofa
Faz uma fofoca feia*

Trava-língua.

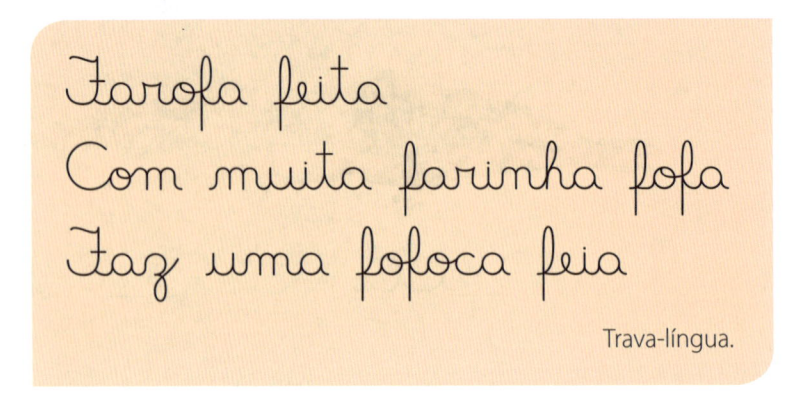

Encontre no diagrama cinco palavras que começam com a família da letra **F**. Depois, escreva-as de acordo com a sílaba inicial delas.

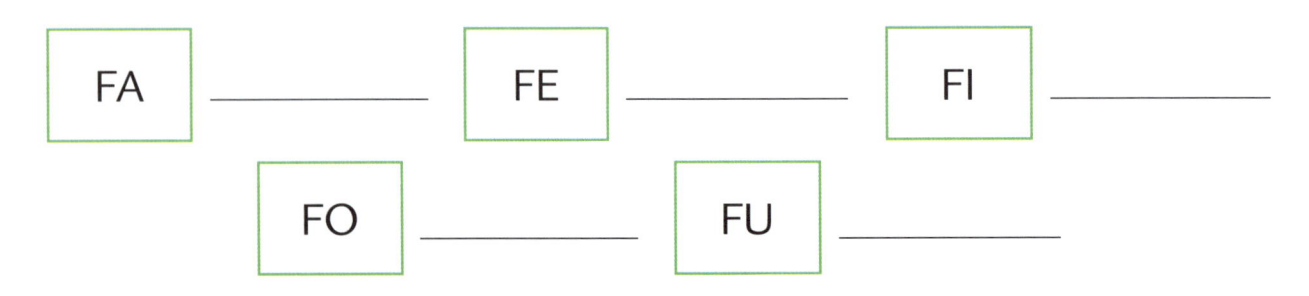

T	F	U	T	E	B	O	L	Q	B
Y	J	U	Y	F	D	Q	G	I	E
F	R	É	S	O	A	B	P	M	F
A	U	P	P	U	Q	P	U	Q	E
R	C	K	O	F	O	T	O	K	R
E	Y	S	Q	D	X	Z	P	W	I
L	V	F	I	L	É	C	R	U	D
O	J	O	S	Z	B	E	F	I	A
H	R	T	U	O	G	Ã	Q	Q	R

FA _____   FE _____   FI _____

FO _____   FU _____

36

Complete as frases substituindo as imagens por palavras.
Dica: todas elas começam com a letra f.

- A _____ carrega uma _____.

- Vamos à _____ à _____.

Observe as imagens e escreva o nome delas.

UNIDADE 8

A letra G

galinha

Vamos relembrar a letra g/G? Cubra o tracejado e, depois, copie-a.

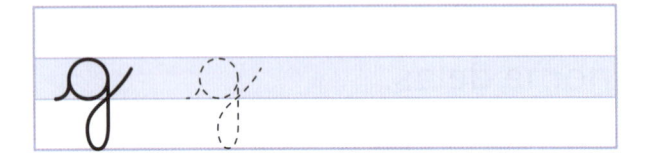

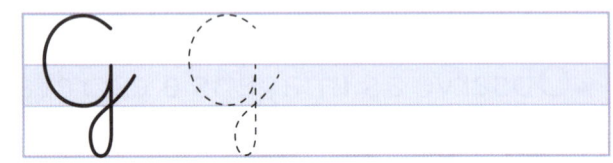

Agora, cubra o tracejado da família da letra g/G e copie-a na linha de baixo.

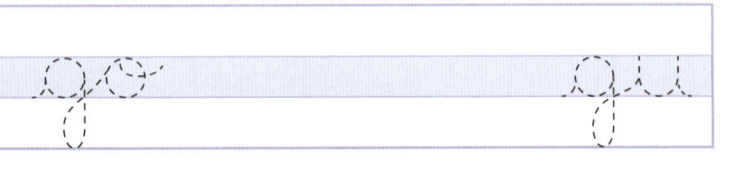

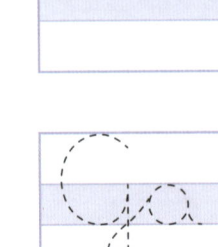

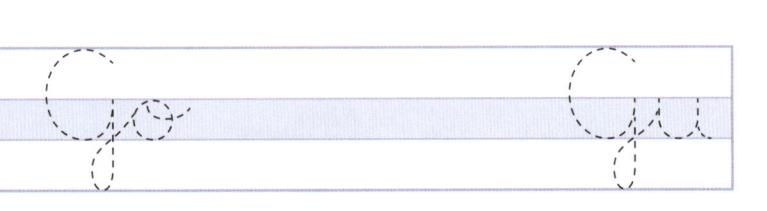

Pinte as palavras que começam com a sílaba indicada em cada coluna.

ga	go	gu
gato	gole	gago
gota	gola	gude
gado	gude	gula
galo	gota	guri

Ligue as palavras iguais.

goiaba   GUDE

gaita   GOLEIRO

garoa   GOIABA

goleiro   GULOSO

gude   GAITA

guloso   GAROA

Complete as palavras com ga, go ou gu.

fi___

can___ru

ce___nha

la___

___rila

___veta

co___melo

___ta

bi___de

Observe as capas dos livros e circule a família da letra **G** nas palavras. Você conhece estas histórias?

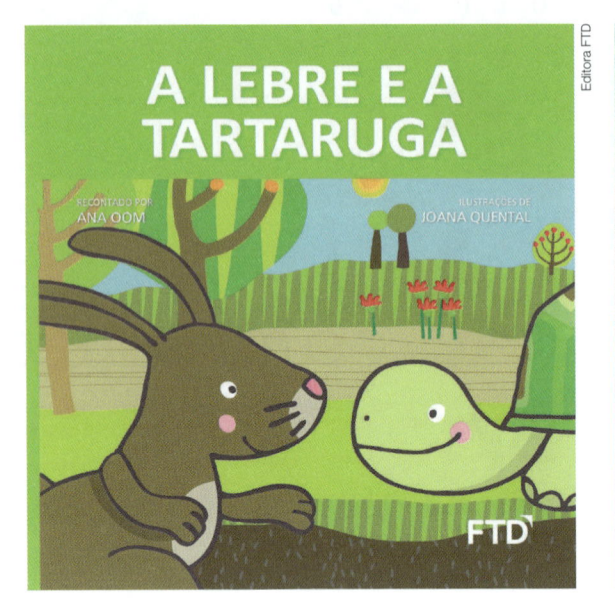

A LEBRE E A TARTARUGA
RECONTADO POR ANA OOM
ILUSTRAÇÕES DE JOANA QUENTAL

A CIGARRA E A FORMIGA
RECONTADO POR ANA OOM
ILUSTRAÇÕES DE MADALENA MATOSO

O professor vai contar essas fábulas. Ouça-as e responda às perguntas.

- O que a lebre e a tartaruga disputaram?

  ☐ Uma corrida.   ☐ Uma partida de futebol.

- Quem ganhou essa disputa?

  ☐ A lebre.   ☐ A tartaruga.

- Quem passava o verão trabalhando?

  ☐ A cigarra.   ☐ A formiga.

- O que aconteceu no inverno?

  ☐ A cigarra ficou sem comida.

  ☐ A formiga foi morar com a cigarra.

40

Na família da letra g, as sílabas ge e gi têm som diferente.

girafa

Cubra o tracejado da família da letra g/G e copie-a na linha de baixo.

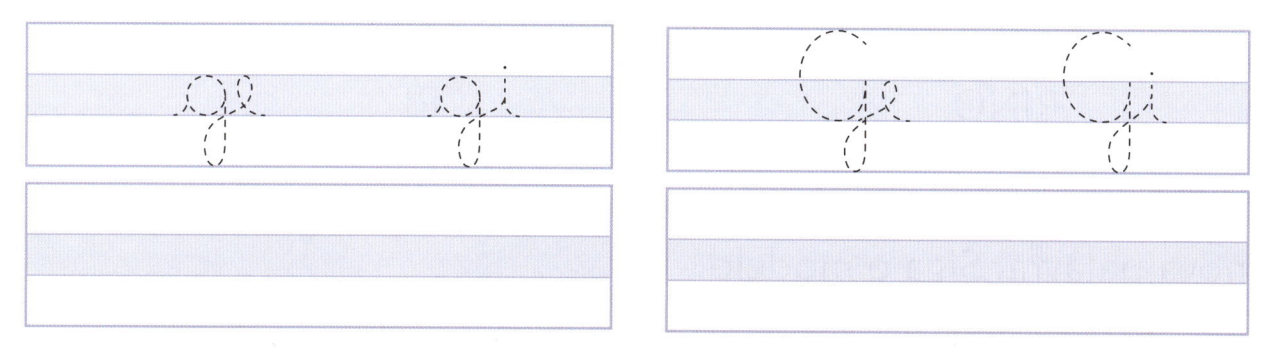

Ouça a leitura do poema e circule no texto a família da letra g de acordo com a legenda.

- 🟢 Palavras que têm as sílabas ga, go e gu.
- 🔴 Palavra que têm as sílabas ge e gi.

Um, dois, três
Um governador no gabinete
Dois goleiros no ginásio
Três gigantes na geada
[...]

Jonas Ribeiro. **Alfabético**: almanaque do alfabeto poético. São Paulo: Editora do Brasil, 2015. p. 29.

Junte as sílabas e forme palavras.

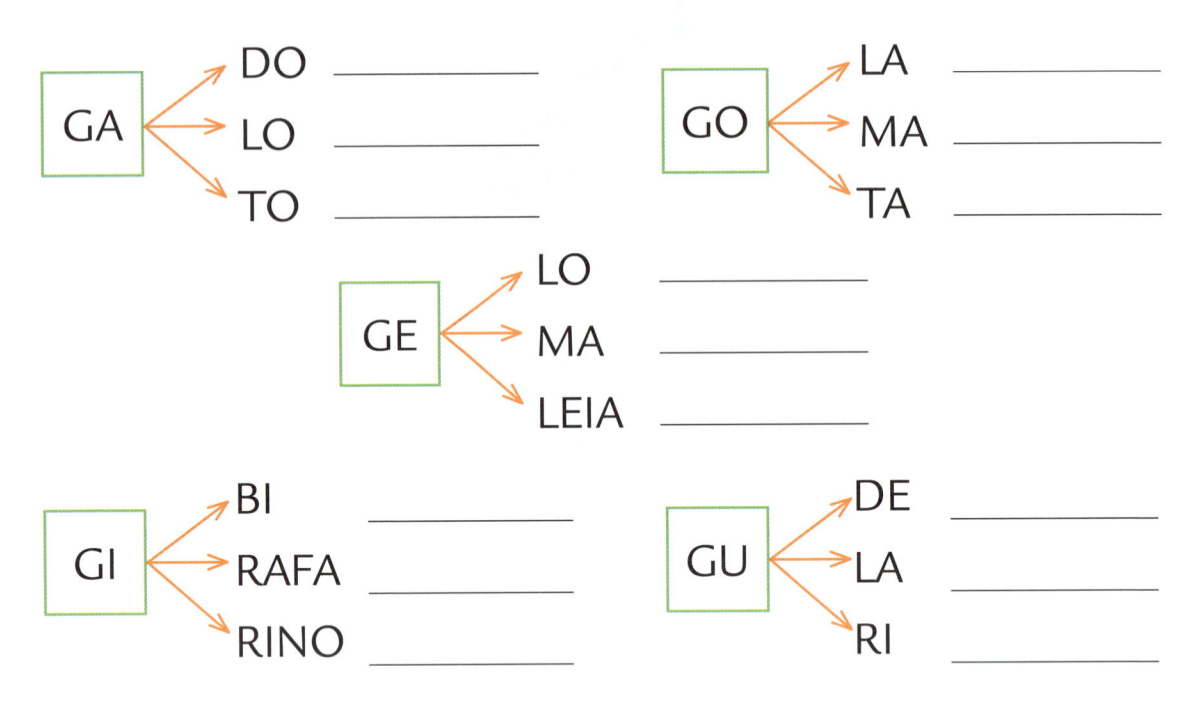

GA → DO _____ LO _____ TO _____

GO → LA _____ MA _____ TA _____

GE → LO _____ MA _____ LEIA _____

GI → BI _____ RAFA _____ RINO _____

GU → DE _____ LA _____ RI _____

Substitua a letra inicial das palavras pela letra *g* e forme uma nova palavra. Siga o modelo.

mato _gato_   tema _____

cola _____   mula _____

talo _____   forro _____

Diga em voz alta as palavras a seguir e preste atenção nas vogais que vêm depois da letra *g*. Depois, complete as frases.

| galo   gema   gibi   gota   guri |

- Antes das vogais ___, ___ e ___ a letra *g* tem som de /g/ como em *galo*.
- Antes das vogais ___ e ___ a letra *g* tem som de /j/ como em *gema*.

UNIDADE 9

A letra H

hélice

Vamos relembrar a letra h/H? Cubra o tracejado e, depois, copie-a.

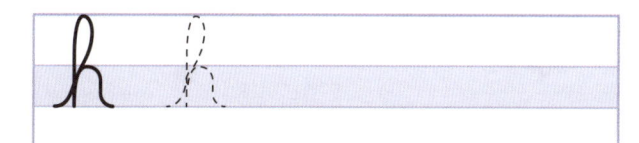

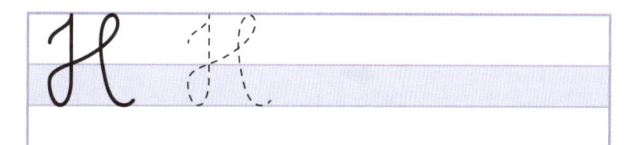

Agora, cubra o tracejado da família da letra h/H e copie-a na linha de baixo.

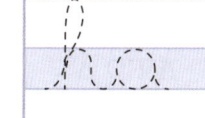

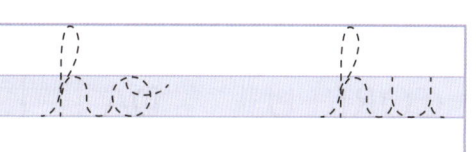

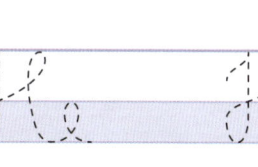

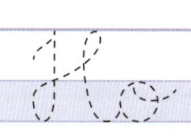

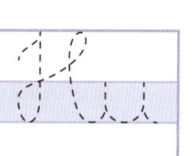

ha he hi ho hu

Ha He Hi Ho Hu

Complete as palavras com ha, he, hi, ho ou hu.

A letra h/H não tem som. As sílabas com essa letra têm o som das vogais.

ho_tel

he_mano

he_licônia

hi_popótamo

ho_ras

hi_ena

Ordene as palavras para formar frases.

3	5	6	2	1	4
CORREU	DA	HIENA	LEÃO	O	ATRÁS

4	2	1	3	6	5
HIENA	ACHOU	HUGO	A	FEIA	MUITO

3	2	1	5	4
CHÁ	TOMOU	HELENA	HORTELÃ	DE

44

Ouça a leitura do poema e pinte as palavras que começam com a letra *h*. Depois, responda às perguntas.

Desta erva com H
Eu confesso que sou fã:
Faço chá, faço patê,
Mas que encanto é hortelã.
[...]
Ela cresce bem no mato,
Ou até em horta caseira,
Seu aroma é um encanto,
Sua forma é verdadeira.

Cesar Obeid. **Abecedário de Aromas**: cozinhando com tempero e poesia. São Paulo: Editora do Brasil, 2017. p. 24.

- A hortelã é:
  - [ ] uma hortaliça.
  - [ ] uma erva.
- O que é possível fazer com hortelã?
  - [ ] Chá e patê.
  - [ ] Café com leite.
- Onde a hortelã cresce?
  - [ ] No mato.
  - [ ] Na roça.
  - [ ] Na horta.
- O aroma da hortelã é:
  - [ ] um encanto.
  - [ ] verdadeiro.

Você conhece a hortelã? Já provou alguma comida ou bebida feita com essa erva? Conte aos colegas e ao professor.

UNIDADE 10

A letra J

jacaré

Vamos relembrar a letra j/J? Cubra o tracejado e, depois, copie-a.

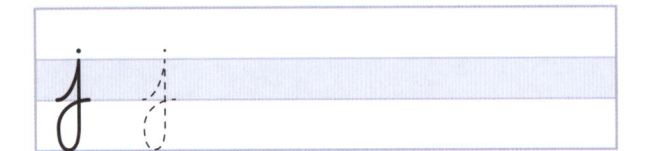

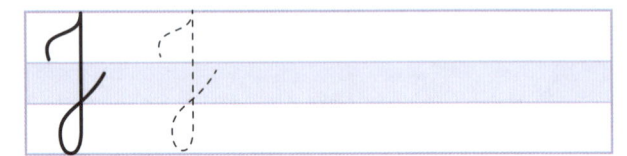

Agora, cubra o tracejado da família da letra j/J e copie-a na linha de baixo.

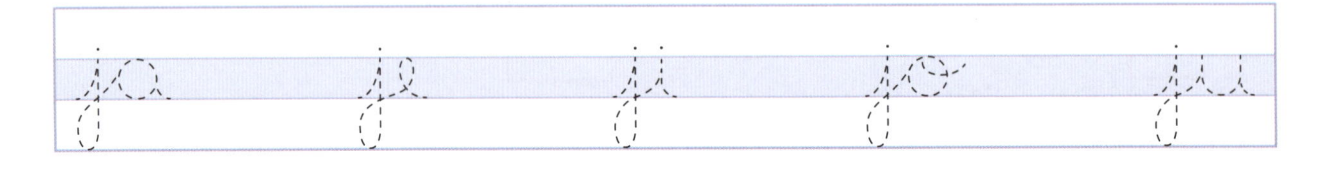

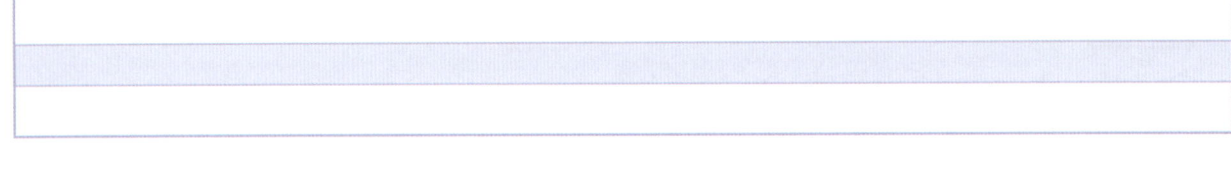

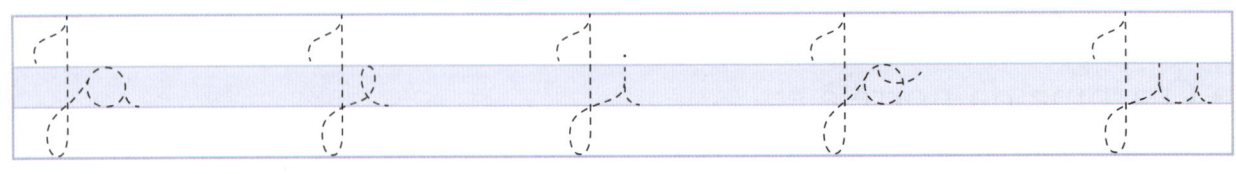

Complete as palavras com ja, je, ji, jo ou ju.

___nela   ___go   ___buti

___nipapo   ___mento   ___pe

Junte as sílabas e forme palavras com a família da letra **J**.

JA	CA	RÉ

JU	JU	BA

JO	VEM

JI	LÓ

Ouça a leitura do trava-língua e repita-o o mais rápido que puder. Depois, sublinhe a família da letra j/J nas palavras.

Joca jejua jurando
Jamais jantar a jaca do Jeca
Com jaca, cajá, juá e jiló
Não janta Joca mas janta Jeca

Rosinha. **ABC do trava-língua**. São Paulo: Editora do Brasil, 2012. p. 13.

Você conhece os alimentos mencionados no trava-língua? Ligue as imagens às palavras correspondentes.

juá

jaca

jiló

cajá

Observe as imagens e escreva o nome delas.

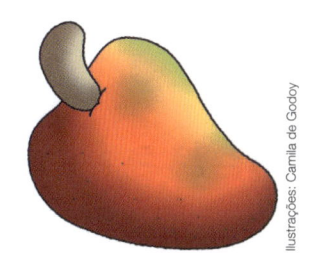

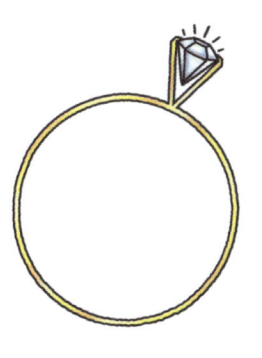

_____   _____   _____

_____   _____   _____

Complete as frases com as palavras do quadro.

| jaca   caju   jiboia   jogador |

O _____ é o fruto do cajueiro.

A _____ é o fruto da jaqueira.

A _____ é uma cobra bem grande.

Joca é _____ de futebol.

UNIDADE 11

A letra K

kitesurf

Vamos relembrar a letra k/K? Cubra o tracejado e, depois, copie-a.

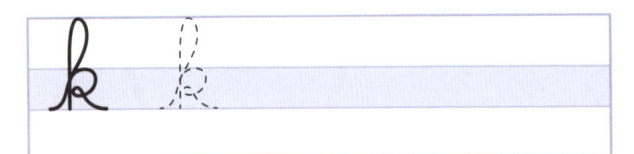

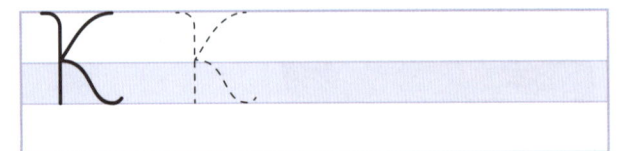

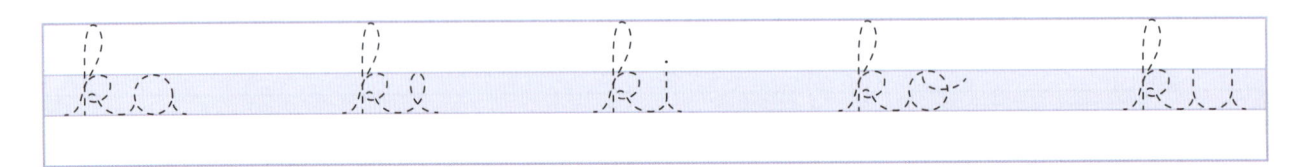

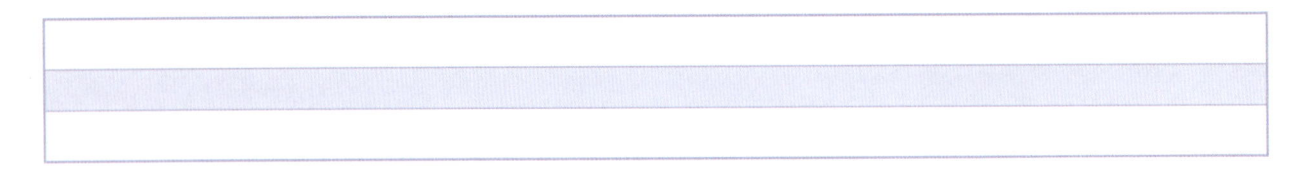

Agora, cubra o tracejado da família da letra k/K e copie-a na linha de baixo.

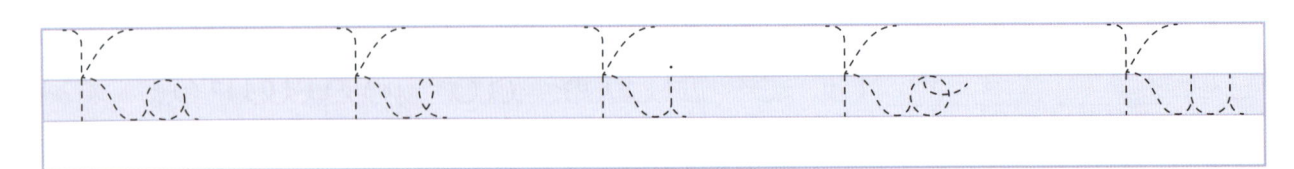

ka ke ki ko ku

Ka Ke Ki Ko Ku

Pinte as palavras da família da letra k/K.

A letra k/K tem o mesmo som da letra c, de casa. Essa letra é mais utilizada em palavras estrangeiras e nomes próprios.

kiwi	caixa	kart
carro	karaokê	coisa
Caio	Karina	ketchup

Escreva nos quadrinhos a família da letra **k** que aparece em cada produto.

UNIDADE 12

A letra L

laranja

Vamos relembrar a letra ℓ/ℒ? Cubra o tracejado e, depois, copie-a.

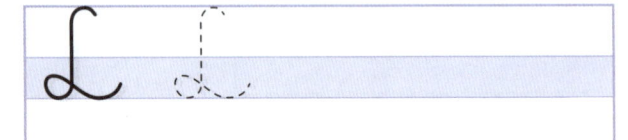

ℓ	ℓ
ℒ	ℒ

Agora, cubra o tracejado da família da letra ℓ/ℒ e copie-a na linha de baixo.

la   le   li   lo   lu

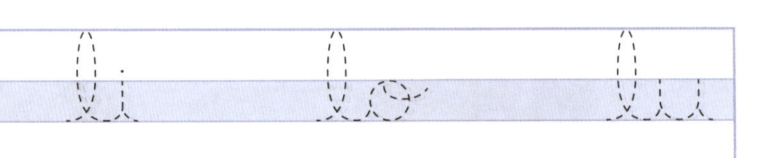

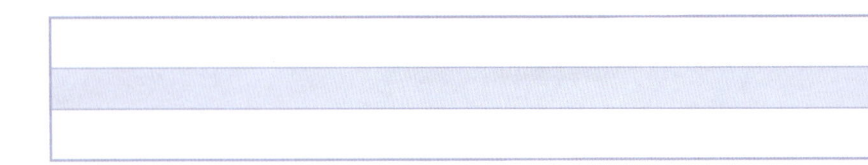

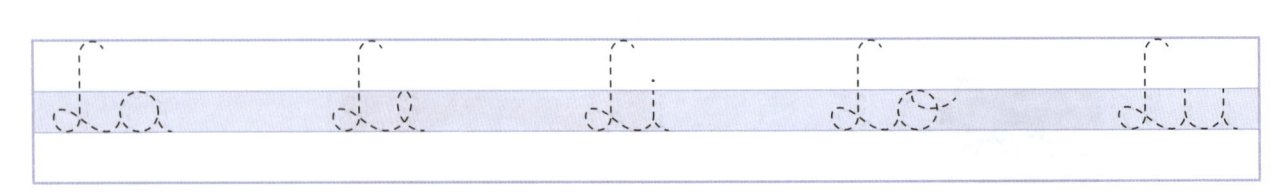

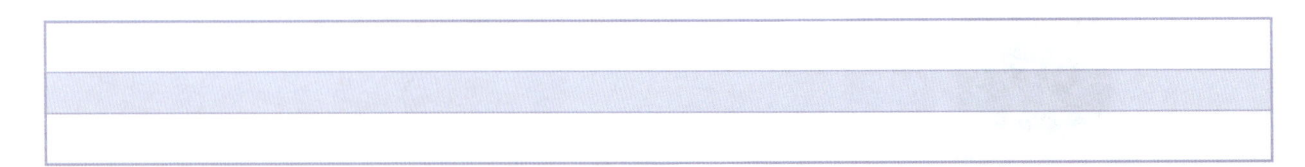

da   de   di   do   du

Pinte as palavras iguais com a mesma cor.

| lata | lado | lata | lua | lata |

Pinte os lápis e, depois, separe as sílabas das palavras.

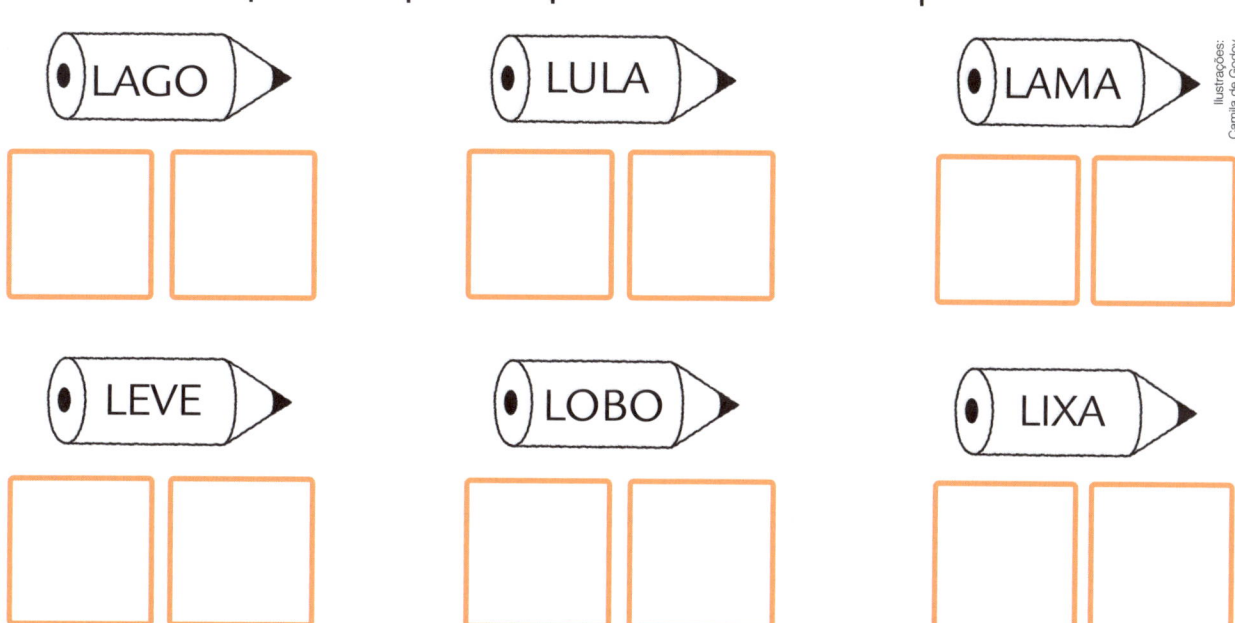

LAGO

LULA

LAMA

LEVE

LOBO

LIXA

Junte as sílabas e forme palavras com a família da letra l.

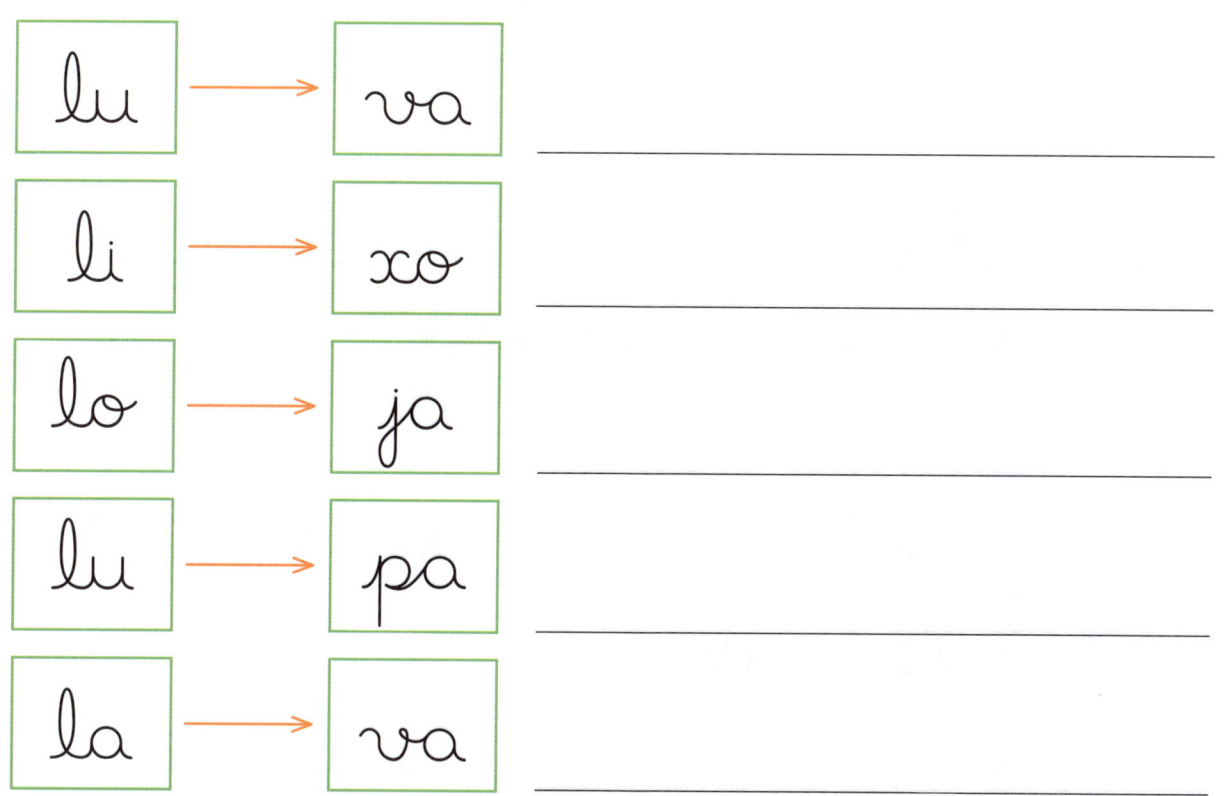

lu → va _____

li → xo _____

lo → ja _____

lu → pa _____

la → va _____

Ouça a leitura do texto e circule as palavras que têm a família da letra l/L. Depois, responda às perguntas.

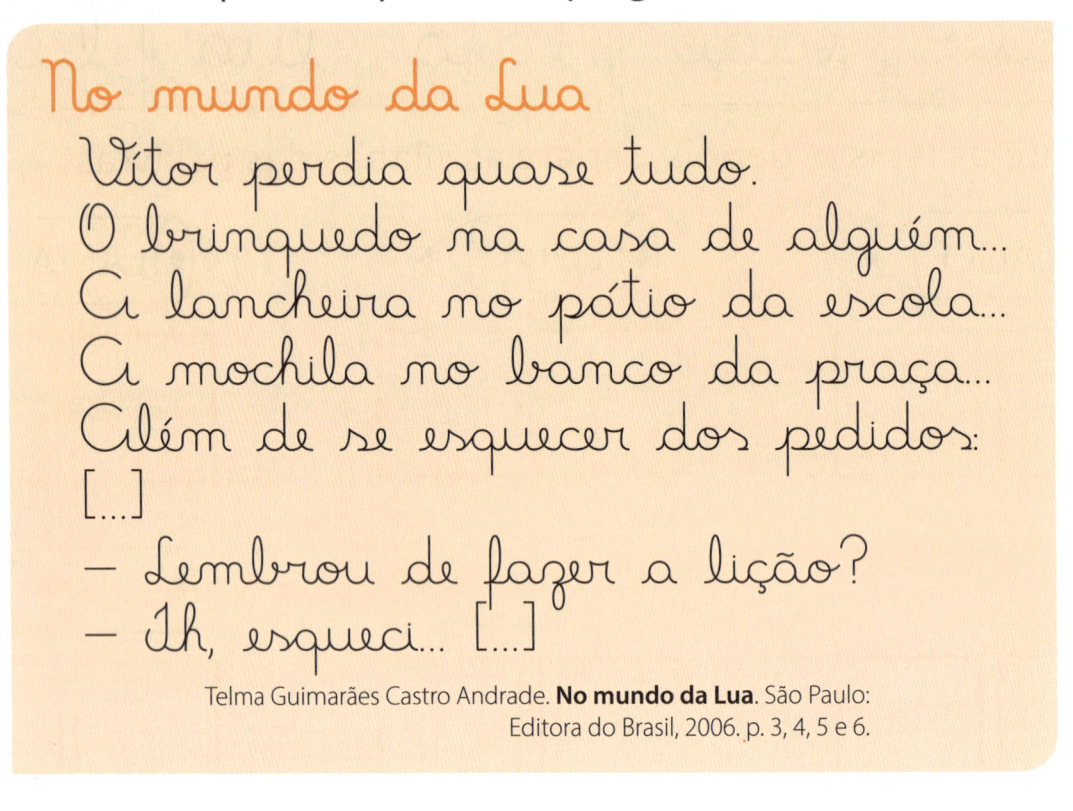

No mundo da Lua

Vítor perdia quase tudo.
O brinquedo na casa de alguém...
A lancheira no pátio da escola...
A mochila no banco da praça...
Além de se esquecer dos pedidos:
[...]
— Lembrou de fazer a lição?
— Ih, esqueci... [...]

Telma Guimarães Castro Andrade. **No mundo da Lua**. São Paulo: Editora do Brasil, 2006. p. 3, 4, 5 e 6.

- Onde Vítor perdeu cada objeto? Ligue os elementos de acordo com o texto.

O brinquedo.	No banco da praça.
A lancheira.	Na casa de alguém.
A mochila.	No pátio da escola.

- Vítor lembrou de fazer a lição?

☐ Sim.   ☐ Não.

Observe as imagens e numere-as de acordo com o nome delas.

1. LATA
2. LÃ
3. BOLA
4. VELA
5. LUVAS
6. BOLO
7. LEÃO
8. LUA
9. LOBO
10. LEQUE

UNIDADE 13

A letra M

morango

Vamos relembrar a letra m/M? Cubra o tracejado e copie-a.

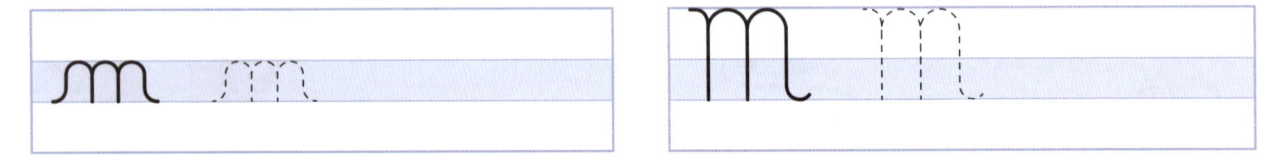

Agora, cubra o tracejado da família da letra m/M e copie-a na linha de baixo.

Ligue as imagens ao nome delas.

- MACHADO
- MÃO
- MOSCA
- MELANCIA
- MOTO
- MACARRÃO

Junte as sílabas e forme palavras com a família da letra m.

mi	co	_____
mo	la	_____
mo	le	_____
mu	la	_____
mo	to	_____
ma	to	_____
ma	la	_____
me	do	_____
mi	lho	_____

Ordene as sílabas e escreva o nome das imagens.

| çã ma | mi me mo |

_____   _____

| ma mi me | ta ma le |

_____   _____

| nho mi ca | co ma ca |

_____   _____

Pinte os quadrinhos que têm as sílabas **MA**, **ME**, **MI**, **MO**, **MU**.

MA	MU	TE		MI	MO
LA	MA			RA	MO
MI	MA	DO		MU	LA

Substitua os números por sílabas e escreva as palavras formadas.

1	2	3	4	5
MA	CO	ME	DI	CA
6	7	8	9	10
LA	DA	TI	DO	MI

1 + 6   _____

5 + 1   _____

10 + 2   _____

3 + 9   _____

3 + 4 + 7   _____

3 + 8 + 9   _____

Ouça a leitura do poema de cordel e circule as palavras de acordo com a legenda.

🟠 Palavras que começam com a família da letra m/M.

⚫ Palavras que têm a família da letra m no meio delas.

Mula manca é uma burrinha
Bastante desengonçada
Fica em cima de uma base
Se embaixo for apertada
Ela se mexe ficando
Numa pose engraçada.

Ana Raquel Campos. **Brinquedos populares**. Recife: Folhetaria Campos de Versos, [2007?]. p. 3.

Responda às perguntas.

- A mula manca é:

  ☐ uma burrinha.   ☐ uma vaquinha.

- Como ela é?

  ☐ Bastante alinhada.   ☐ Bastante desengonçada.

- Ela fica em cima de:

  ☐ uma caixa.   ☐ uma base.

- O que acontece quando apertamos a base dela?

  ☐ Ela fica parada.   ☐ Ela se mexe.

UNIDADE 14

A letra N

ninho

Vamos relembrar a letra m/n? Cubra o tracejado e copie-a.

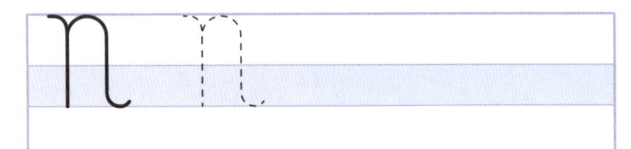

Agora, cubra o tracejado da família da letra m/n e copie-a na linha de baixo.

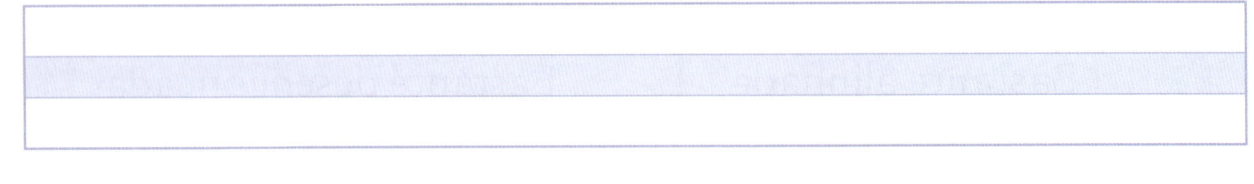

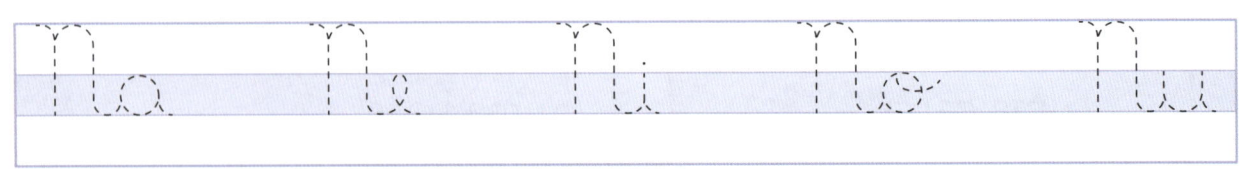

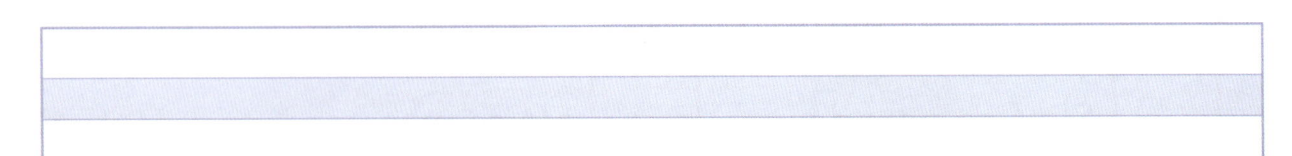

Complete as palavras com *ma*, *me*, *mi*, *mo* ou *mu*.

__ vio

ô __ bus

car __

me __ no

cis __

__ riz

bo __ ´

ca __ do

si __

pa __ la

pepi __

__ velo

Ouça a leitura do poema e pinte as palavras que começam com a família da letra m/n.

Natureza

As árvores do mato balançam
Formigas trabalham, não cansam
Quando as aves voam
E os ventos entoam
Os nossos ouvidos descansam.

O Sol sempre esquenta de dia
A brisa de noite me esfria
Com frio ou calor
Natureza é flor
Que sempre me dá alegria.

E alegre eu vivo correndo
Nadando, sonhando e vivendo
Com toda certeza
E a Mãe Natureza
Sorrindo de perto eu desvendo.

César Obeid. **Criança poeta**: Quadras, cordéis e imeriques. São Paulo: Editora do Brasil, 2011. p. 22.

Copie do texto:

- uma palavra que começa com a letra n e uma que começa com a letra m.

Junte as sílabas e forme palavras. Depois, ligue-as às imagens correspondentes.

| me | mê | _____ |

| no | ve | _____ |

| fo | me | _____ |

| moi | va | _____ |

| mu | vem | _____ |

| ba | na | na | _____ |

Copie da atividade anterior:
- uma palavra com a sílaba mu: _____
- uma palavra com a sílaba ma: _____
- duas palavras com a sílaba me: _____
- duas palavras que têm duas sílabas da família da letra m:

_____

UNIDADE 15

A letra P

pavão

Vamos relembrar a letra p/P? Cubra o tracejado e copie-a.

Agora, cubra o tracejado da família da letra p/P e copie-a na linha de baixo.

Ouça a leitura do poema e sublinhe as palavras que começam com a família da letra p/P. Depois, responda às perguntas.

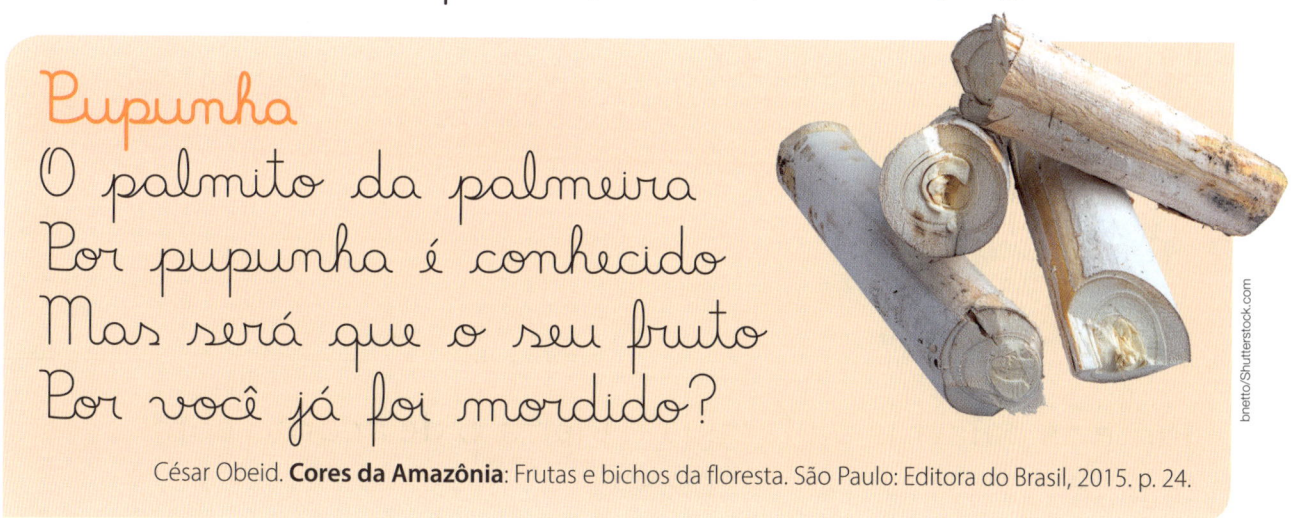

Pupunha

O palmito da palmeira
Por pupunha é conhecido
Mas será que o seu fruto
Por você já foi mordido?

César Obeid. **Cores da Amazônia**: Frutas e bichos da floresta. São Paulo: Editora do Brasil, 2015. p. 24.

- O que é pupunha?

  ☐ Palmito.   ☐ Pinha.

- Você já comeu pupunha? Conte para os colegas e o professor.

Observe as imagens e circule o nome delas.

PAPA
PELO
PIPA

PAPO
PATO
PANO

PAI
PINO
PIA

PÃO
PIÃO
PINO

PAU
PERA
PULO

PÓ
PÉ
PÁ

Ouça a leitura da adivinha e desenhe a resposta.

O que é, o que é?
Anda deitado
e dorme em pé?

Adivinha.

Pinte as palavras da família da letra *p* de acordo com a legenda.

🟠 pa   🟢 pe   🔵 pi   🟡 po   🟣 pu

picolé	pudim	apito
piano	jipe	peteca
peixe	pirulito	capa
pomada	sapo	pano

Escolha duas palavras da atividade anterior e forme uma frase.

_____

_____

Cante a cantiga com os colegas e o professor e faça gestos para representá-la. Depois, circule a família da letra p/P nas palavras.

Pipoca
Uma pipoca estourando na panela
Outra pipoca começou a responder
E era um tal de po-poc poc poc
E ninguém mais conseguia se entender
E era um tal de po-poc poc poc
po-poc poc poc
po-poc poc poc

Cantiga.

Observe as sílabas dentro das pipocas e junte-as para formar palavras. Depois, pinte o desenho.

_____

_____

UNIDADE 16

A letra Q

queijo

Vamos relembrar a letra q/Q? Cubra o tracejado e copie-a.

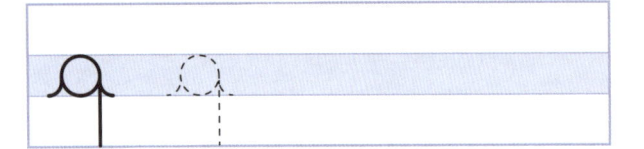

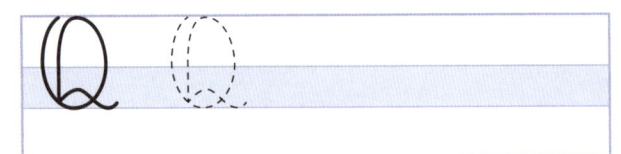

Agora, cubra o tracejado da família da letra q/Q e copie-a na linha de baixo.

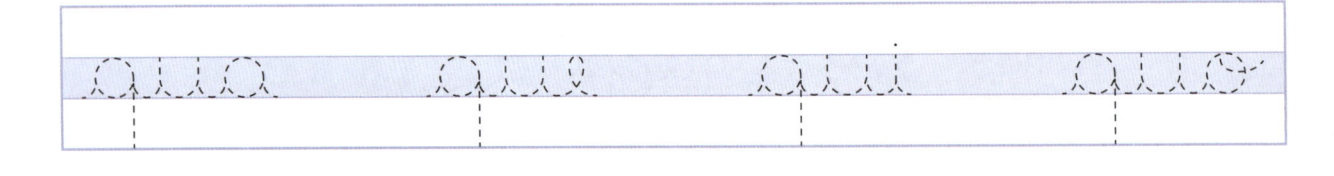

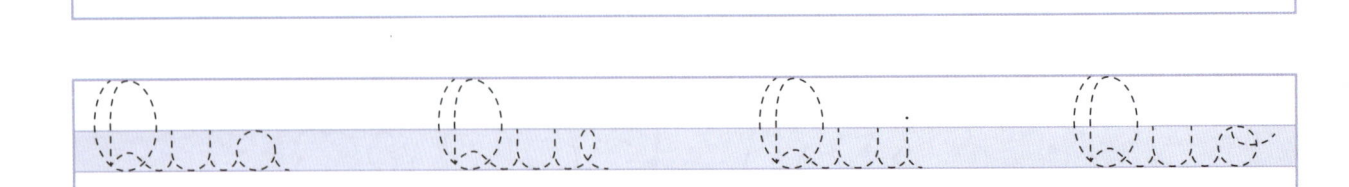

Complete as palavras com qua, que, qui.

As sílabas da família da letra q/Q são compostas de três letras: a letra q + a vogal u + a vogal a, e, i ou o.

__dro   le__   a__´rio   __abo

__pe   a__rela   ja__ta   ca__

Junte as sílabas e forme palavras com a família da letra q.

qua → dro _____
qua → ti _____
qua → tro _____

que → ro _____
que → da _____
que → pe _____

qui → lo _____
qui → na _____
qui → mono _____

quo → ta _____
quo → tista _____
quo → ciente _____

Ouça a leitura do trava-língua e repita-o o mais rápido que conseguir. Depois, pinte as palavras da família da letra q/Q.

> Quico quebrou o queixo
> Quando quis comer queijada
> Queijada quebra queixo
> Queijo quebra quando coalha
>
> Rosinha. **ABC do trava-língua**. São Paulo: Editora do Brasil, 2012. p. 20.

Copie do texto:
- uma palavra que começa com *qua*:

___

- uma palavra que começa com *que*:

___

- uma palavra que começa com *qui*:

___

- um nome próprio que começa com *Qui*:

___

Com a ajuda do professor, pesquise animais cujo nome tenha a família da letra *q*. Depois, desenhe-o no quadro e escreva o nome dele.

UNIDADE 17

A letra R

relógio

Vamos relembrar a letra r/R? Cubra o tracejado e copie-a.

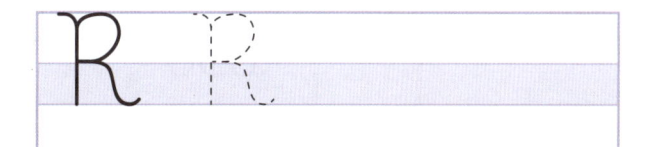

| r r | R R |

Agora, cubra o tracejado da família da letra r/R e copie-a na linha de baixo.

ra re ri ro ru

Ra Re Ri Ro Ru

Observe as imagens e marque um **X** no nome delas.

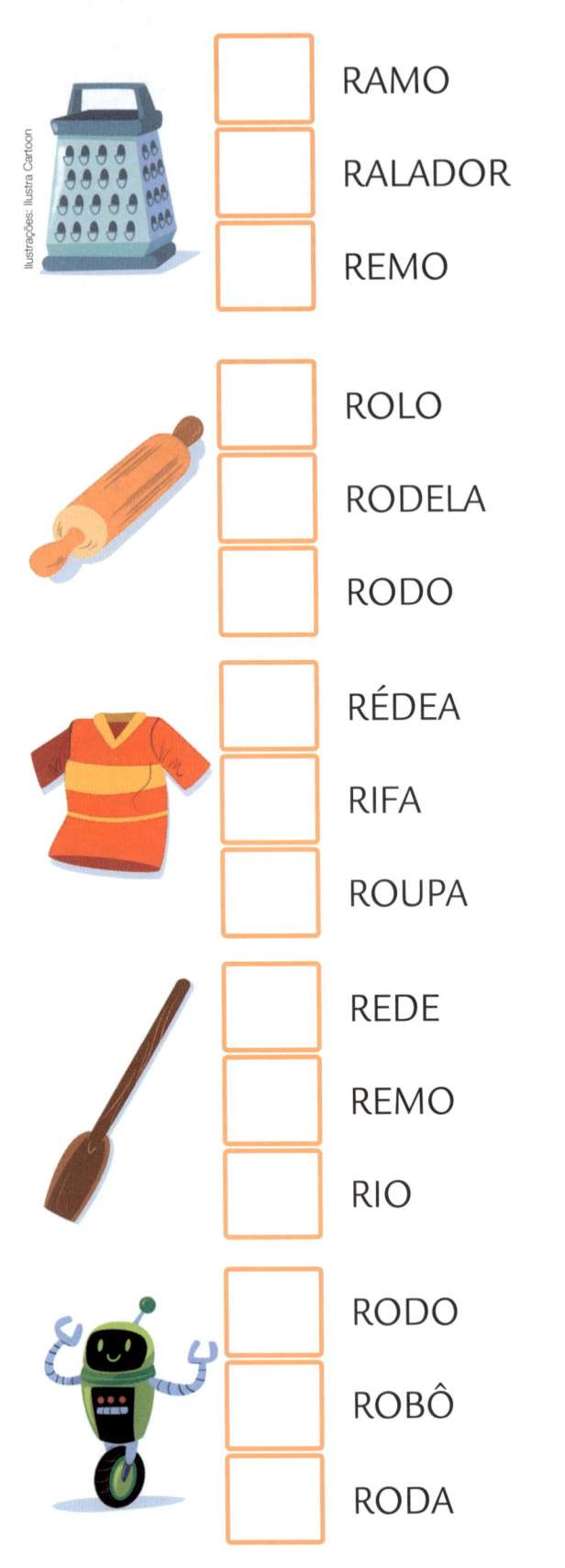

☐ RAMO
☐ RALADOR
☐ REMO

☐ ROLO
☐ RODELA
☐ RODO

☐ RÉDEA
☐ RIFA
☐ ROUPA

☐ REDE
☐ REMO
☐ RIO

☐ RODO
☐ ROBÔ
☐ RODA

Complete as palavras com *ra, re, ri, ro* ou *ru*.

_´dio   __da

__o   __sa

_´gua   __do

__mã   __de

Ouça o poema e pinte as palavras que começam com a família da letra r/R. Depois, responda às perguntas.

Com que roupa irei para a festa do Rei?

O arauto ditou a ordem
E trouxe ao reino euforia:
— Todos, hoje, ao palácio
Para a festa à fantasia!

— O rei escolheu seu traje
Em homenagem a outro rei.
Que roupa usará o monarca?
Isso nem eu mesmo sei.

— Porém, se alguém for vestido
Com o mesmo traje real,
Ganhará, como prêmio, livros
E tenho dito, afinal!

Tino Freitas. **Com que roupa irei para a festa do rei?** São Paulo: Editora do Brasil, 2017. p. 4, 6 e 7.

- Como será a roupa que o rei usará na festa à fantasia?

  ☐ Será igual à de outro rei.   ☐ Será como a de um príncipe.

- O que acontecerá com quem usar a mesma fantasia do rei?

  ☐ Será homenageado.   ☐ Ganhará um prêmio.

Observe as imagens e numere-as de acordo com o nome delas.

1	RUBI
2	RAINHA
3	ROÇA
4	RAQUETE
5	ROLO
6	RAIA
7	ROLHA
8	RABANETE

Observe as imagens e complete o diagrama de palavras com o nome delas.

UNIDADE 18

A letra S

sino

Vamos relembrar a letra s/S? Cubra o tracejado e copie-a.

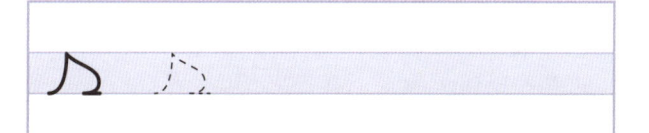

Agora, cubra o tracejado da família da letra s/S e copie-a na linha de baixo.

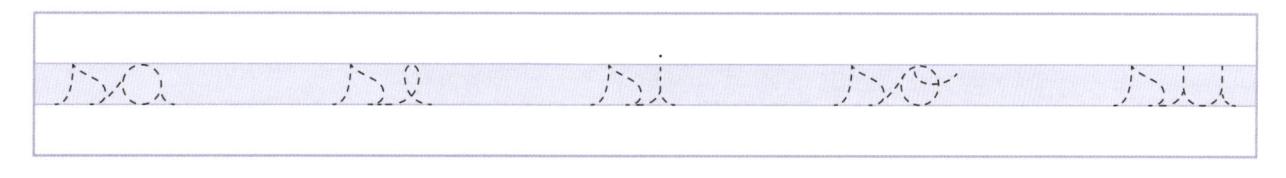

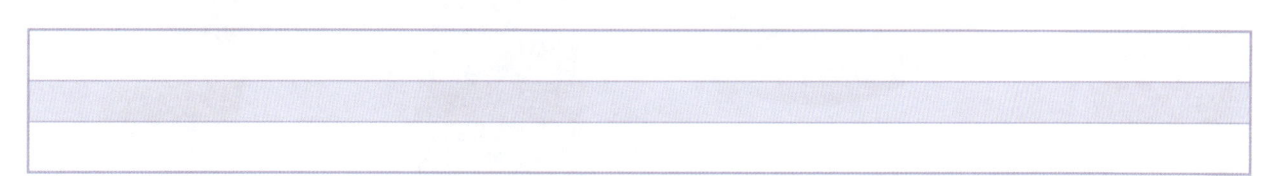

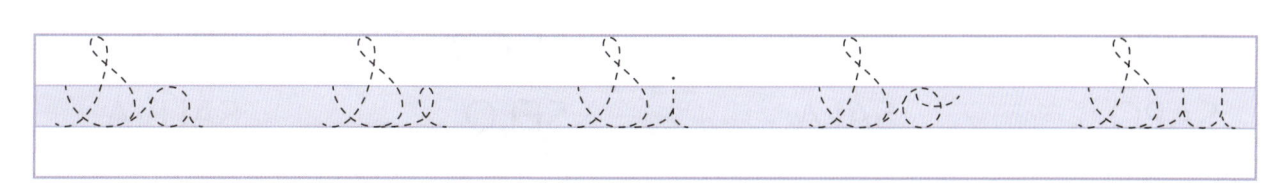

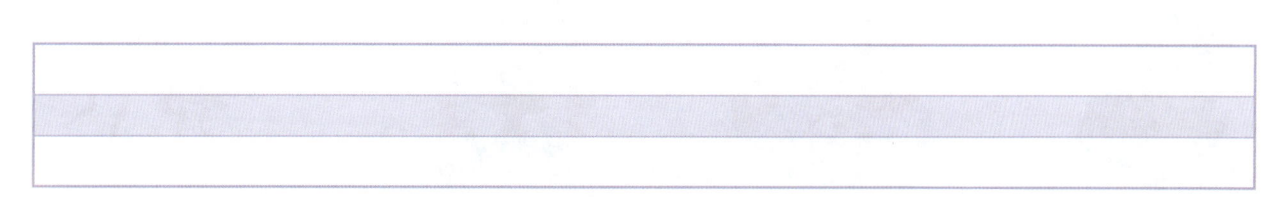

Junte as sílabas e forme palavras com a família da letra s.

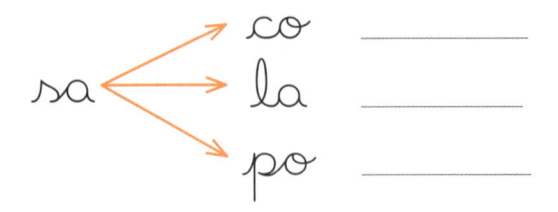

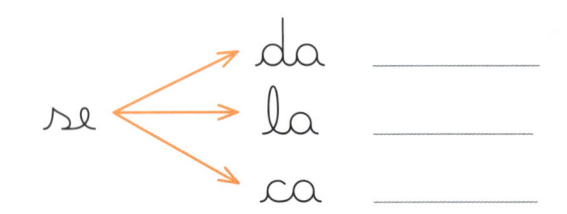

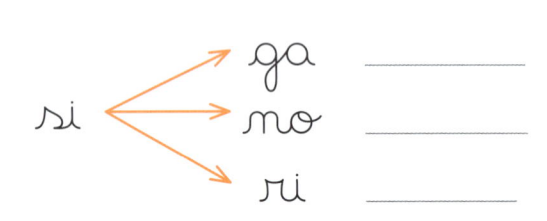

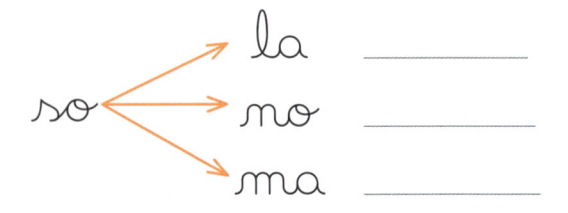

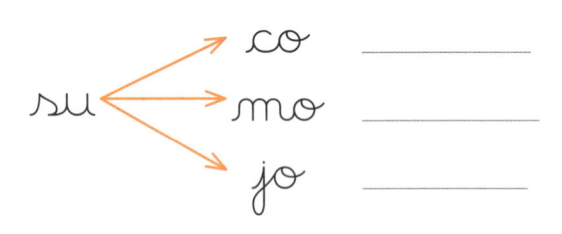

sa → co _____
sa → la _____
sa → po _____

so → la _____
so → mo _____
so → ma _____

se → da _____
se → la _____
se → ca _____

su → co _____
su → mo _____
su → jo _____

si → ga _____
si → mo _____
si → ri _____

Observe as imagens e circule o nome delas.

SAIU
SAIA

SALADA
SALGADO

SOJA
SACO

SINO
SISO

SOPA
SAPO

SOLO
SALA

SUCO
SELO

SEIVA
SAÚVA

Ouça a adivinha e desenhe a resposta.

O que é, o que é?
É rei, mas não tem reino.
Anda, mas não se move.
É loiro, mas não tem cabelo?

Adivinha.

Junte as sílabas de acordo com a legenda e forme palavras. Siga o modelo.

1	so	2	sa	3	si	4	la	5	da
6	mo	7	co	8	pa	9	se	10	to

1 + 4   so + la   sola

1 + 8   _____   _____

2 + 4   _____   _____

3 + 6   _____   _____

9 + 7   _____   _____

1 + 7   _____   _____

2 + 8 + 10   _____   _____

2 + 4 + 5   _____   _____

Observe as imagens e numere-as de acordo com o nome delas.

1 SAPO
2 SALADA
3 SACOLA
4 SAPATO
5 SOPA
6 SAIA
7 SOFÁ
8 SINO
9 SELO
10 SUCO

Ouça a leitura da parlenda e, depois, sublinhe as palavras que começam com a família da letra s/S. Você conhece a lenda do Saci-Pererê? Ouça a história que o professor irá contar.

Saci-Pererê
De uma perna só
Só conheço você
Das histórias da vovó.

Parlenda.

UNIDADE 19

A letra T

tucano

Vamos relembrar a letra t/T? Cubra o tracejado e copie-a.

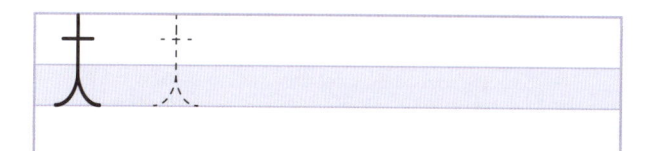

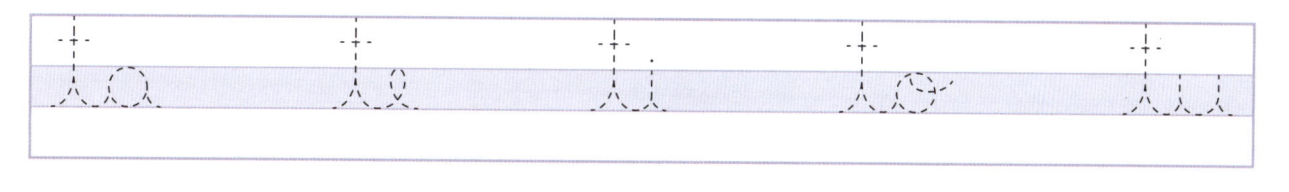

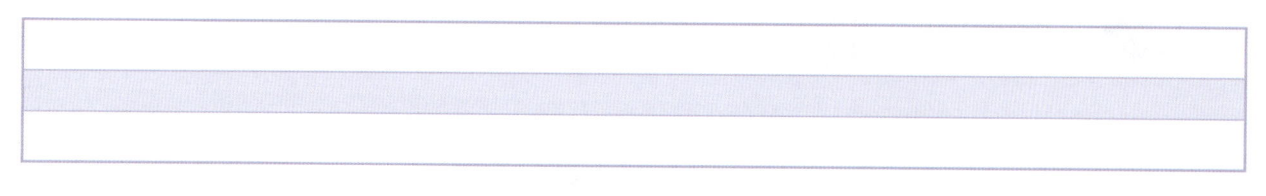

| t | T |

Agora, cubra o tracejado da família da letra t/T e copie-a na linha de baixo.

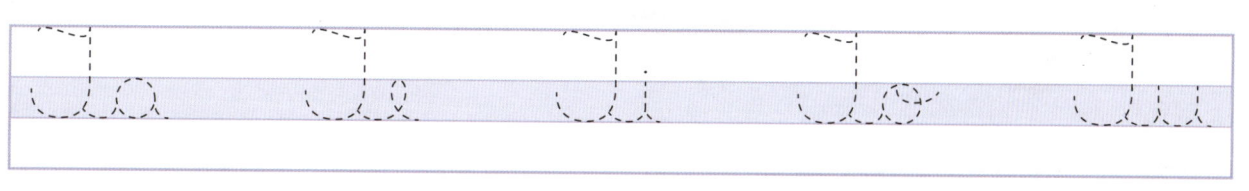

ta te ti to tu

Ta Te Ti To Tu

Complete as palavras com a família da letra t.

_____ça   _____lefone   _____ma   _____gela

_____ _____   _____soura   _____oi_____   _____jolo

Copie as frases, substituindo as imagens pelo nome delas.

A 🧢 está em cima do 🧣 .

_____

O 🐦 comeu o 🍅 .

_____

O 🧱 caiu no 🏠 .

_____

O 🦔 cavou uma 🕳️ .

_____

Ouça a leitura da parlenda e circule as palavras que têm a família da letra *t*.

> Cadê o toucinho que estava aqui?
> O gato comeu.
> Cadê o gato?
> Foi pro mato
> Cadê o mato?
>
> Parlenda.

Copie as palavras do texto de acordo com a posição da família da letra *t*.

No começo da palavra	No meio da palavra

Faça um desenho para ilustrar a parlenda.

Observe as imagens e numere-as de acordo com nome delas.

1	TEIA
2	TATU
3	TAPETE
4	TIGELA
5	TOMADA
6	TULIPA

Observe as imagens e complete o diagrama de palavras com o nome delas.

UNIDADE 20

A letra V

vela

Vamos relembrar a letra v/V? Cubra o tracejado e copie-a.

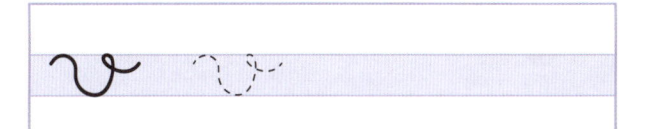

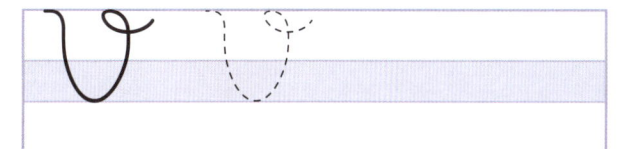

Agora, cubra o tracejado da família da letra v/V e copie-a na linha de baixo.

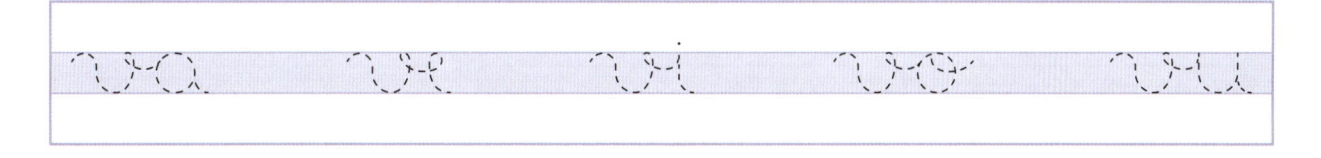

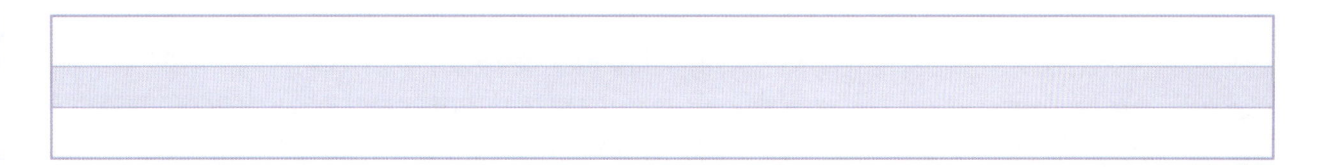

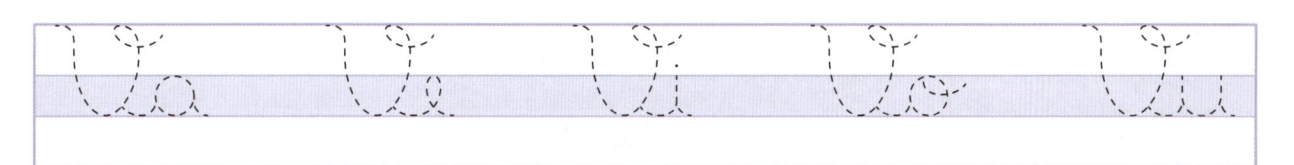

Marque um **X** nos quadrinhos que têm as sílabas va, ve, vi, vo ou vu.

| va | ri | nha |

| ve | a | do |

| va | ca |

| vi | o | lão |

| vu | vu | ze | la |

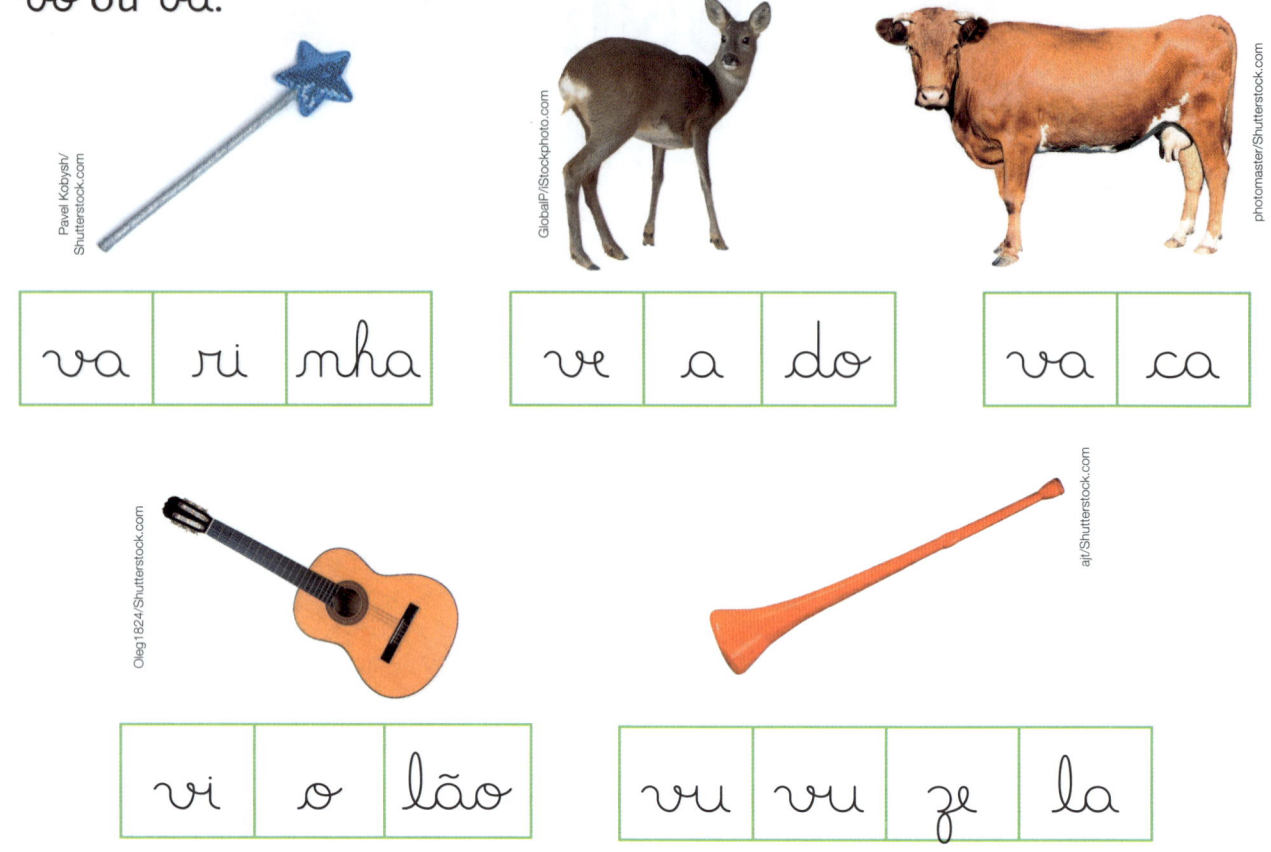

Pinte os quadros com palavras que começam com a letra v.

| velocidade | vogal | balão |

| volante | dedal | viola |

| visitante | viveiro | tomate |

| barbante | vigia | vontade |

Ouça a leitura do texto e circule as palavras com a família da letra v. Depois, responda às perguntas.

A fazenda Bem-te-vi

Quando o Sol nem despontava
Ele já estava de pé
E um qui-qui-ri-qui cantava
O formoso Garnisé! [...]

E nesse barulho todo
Não tinha mais quem dormisse
Os bichos se levantavam
Começando o disse-me-disse.

A vaquinha mugia aqui,
A cabrita berrava ali
E o Sol lentamente subia
Iluminando mais um dia
Na fazenda Bem-te-vi.

Márcia Glória Rodriguez Dominguez. **A fazenda Bem-te-vi**. São Paulo: Editora do Brasil, 2008. p. 2, 4 e 5.

- Que animal é Garnisé?

  ☐ Um cachorro.   ☐ Um galo.

- Que período do dia é retratado no texto?

  ☐ Manhã.   ☐ Tarde.   ☐ Noite.

Em uma folha à parte, faça um desenho da fazenda Bem-te-vi.

Complete as palavras com va, ve, vi, vo ou vu.

___so   ca___lo   u___

o___   ___olino   ___ra

no___   ga___ta   ___lcão

Pinte o arco-íris com as cores indicadas. Depois, escreva o nome das três cores dele que começam com a família da letra v.

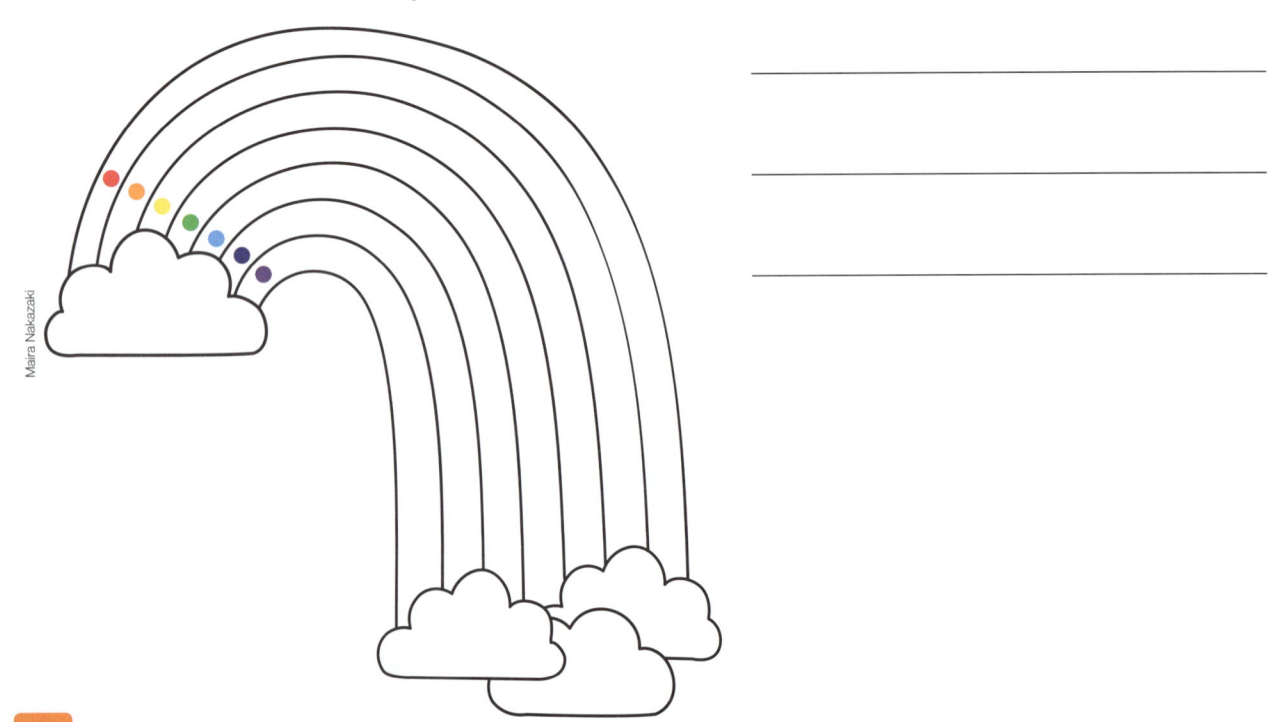

_____

_____

_____

UNIDADE 21

A letra W

wombat

Vamos relembrar a letra w/W? Cubra o tracejado e copie-a.

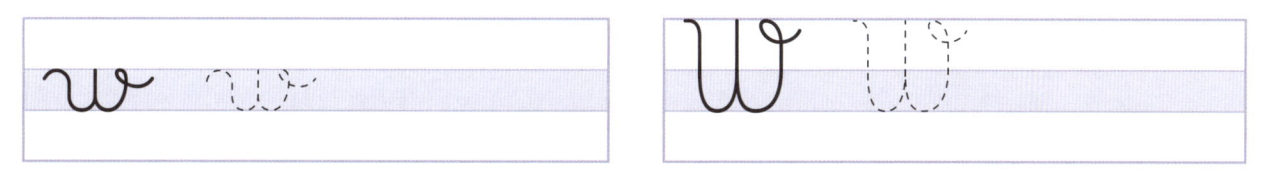

Agora, cubra o tracejado da família da letra w/W e copie-a na linha de baixo.

Pinte as palavras que têm a família da letra w.

A letra w/W pode ter o som do v de **vaca** ou do u de **uva**. Ela é mais utilizada em nomes próprios e em palavras estrangeiras.

kiwi	walkie-talkie	Wanda
Walter	vale	waffle
windsurf	show	webcam

Copie da atividade anterior:
- uma palavra em que o w tem som de v: _____
- uma palavra em que o w tem som de u: _____

_____

Ouça a leitura que o professor fará e observe os nomes a seguir. Depois, circule de 🟢 a letra **W** que tem som de **V** e de 🔵 a que tem som de **U**.

WALITA

WhatsApp

STAR WARS

WELLA

UNIDADE 22

A letra X

xadrez

Vamos relembrar a letra x/X? Cubra o tracejado e copie-a.

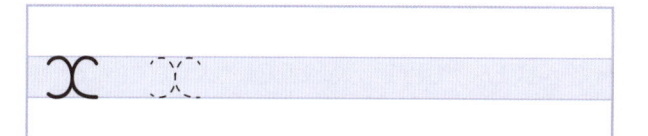

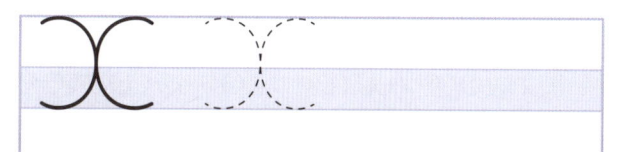

Agora, cubra o tracejado da família da letra x/X e copie-a na linha de baixo.

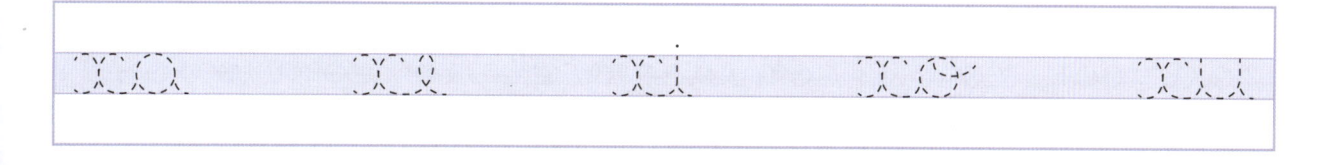

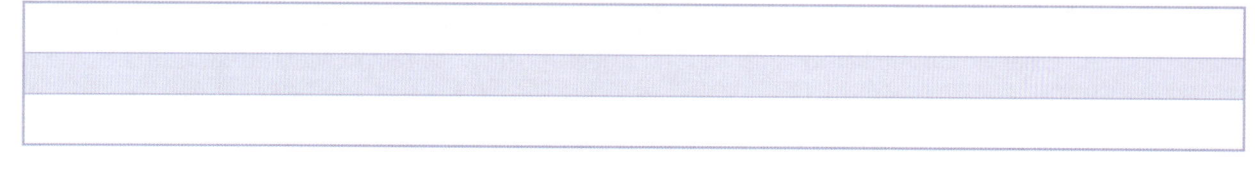

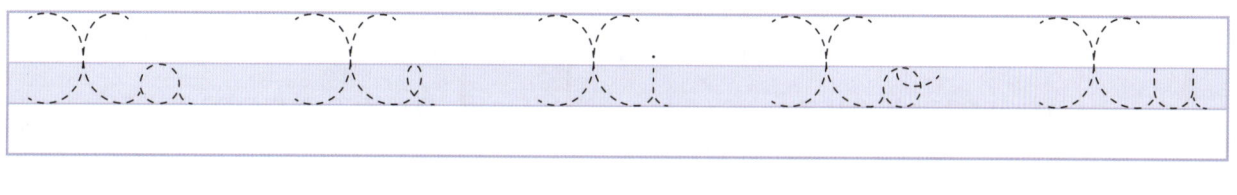

Ouça a leitura do texto e circule as palavras da família da letra x/X. Depois, responda às perguntas.

Os xarás

Todos os dias Xavier encontrava Xavier e o cumprimentava:
— Bom dia, Xavier.
E Xavier respondia a Xavier:
— Bom dia, Xavier. [...]
Mas não havia nexo em chamarem um ao outro de Xavier, pois não eram xerox um do outro. O Xavier taxista gostava de tocar xilofone, dançar xaxado e comer xinxim de galinha com macaxeira. Já o Xavier caixeiro-viajante gostava de tocar saxofone, dançar xote e comer mexilhão com ovos mexidos. De fato, um não era reflexo do outro. [...]

Jonas Ribeiro. **Alfabético**: almanaque do alfabeto poético. São Paulo: Editora do Brasil, 2015. p. 77.

- Por que Xavier e Xavier são xarás?

  ☐ Porque eles têm a mesma altura.
  ☐ Porque eles têm o mesmo nome.

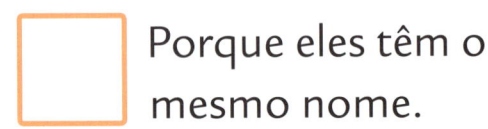

- Copie do texto o nome de um instrumento musical.

_____

Observe as imagens e numere-as de acordo com o nome delas.

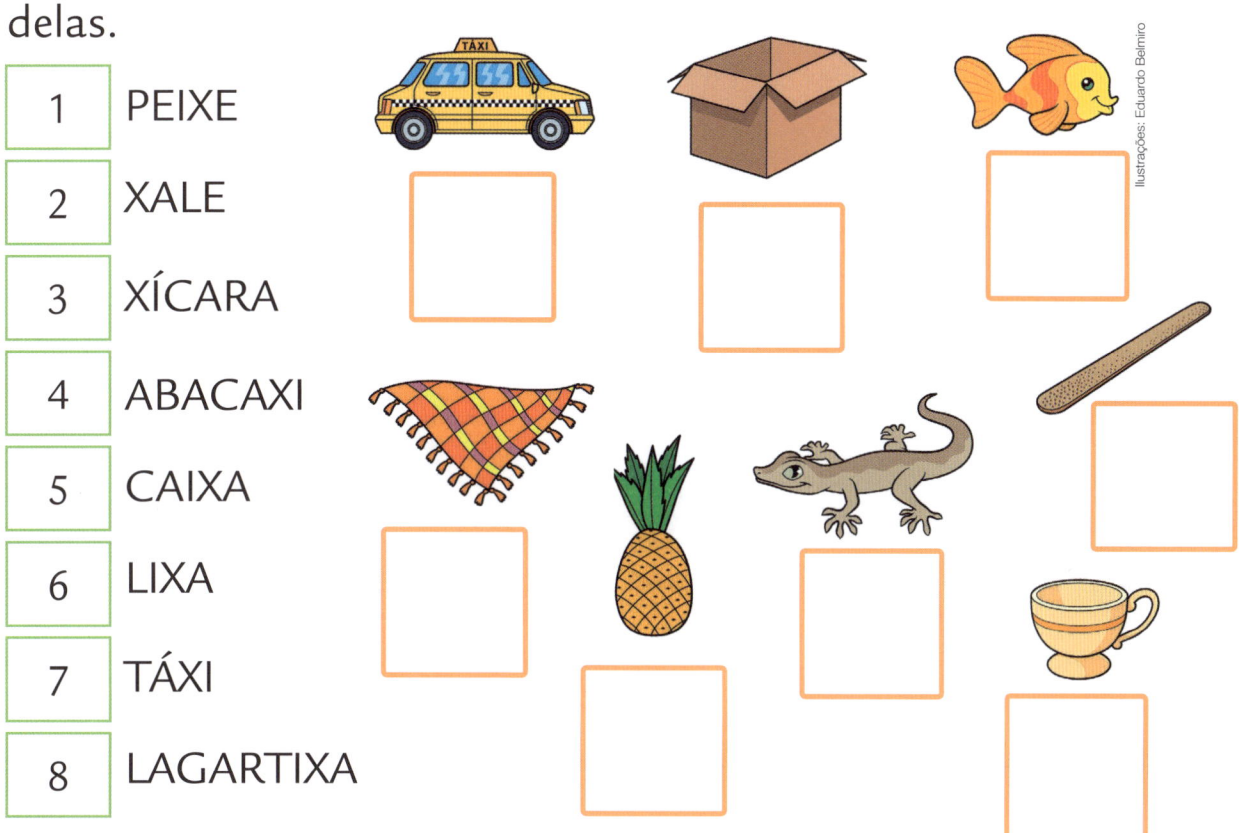

1	PEIXE
2	XALE
3	XÍCARA
4	ABACAXI
5	CAIXA
6	LIXA
7	TÁXI
8	LAGARTIXA

Observe as cenas e numere-as de acordo com as frases.

1. Xisto tomou xarope.
2. O xale está no sofá.
3. Papai levou o lixo para fora.
4. Os soldados do exército desfilam.

Complete as palavras com xa, xe, xi, xo ou xu.

cai__xo__te

be__xa__ga

abaca__xi__

__xa__mpu

maca__xe__ira

li__xo__

__xi__lofone

__xe__´u

te__xu__go

Escolha uma palavra da atividade anterior e escreva uma frase.

_____
_____
_____
_____

UNIDADE 23

A letra Y

yakisoba

Vamos relembrar a letra y/Y? Cubra o tracejado e copie-a.

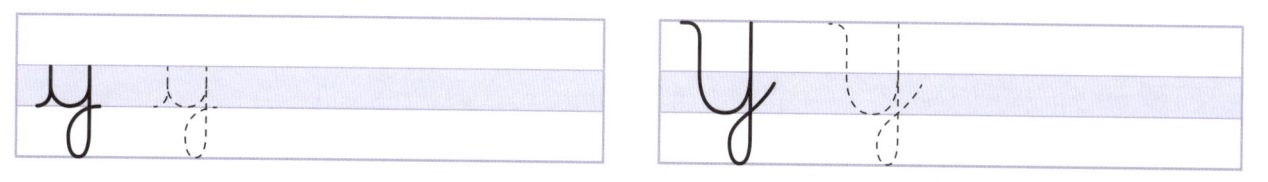

A letra y/Y tem o mesmo som da letra i. Ela é mais utilizada em nomes próprios e em palavras estrangeiras.

Pinte as palavras com a letra y/Y.

Iago	yeti	Yuri
Ingrid	Yara	yanomami
yakisoba	yorkshire	ying-yang

Escolha um nome próprio e uma palavra da atividade anterior e escreva uma frase.

Ouça a leitura do texto e sublinhe as palavras com a letra y.

A pesca e a caça tuyuka

[...]

Os Tuyuka usam seus instrumentos tradicionais de pesca como o puçá de tucum, matapi, cacuri, jequi, timbó e caiá (tipos de armadilhas fixas ou móveis feitas de madeira ou talas de palmeiras), mas também usam instrumentos industrializados, como anzóis de metal e linhas de nylon. [...]

Povos indígenas no Brasil Mirim. **Alimentação**. [São Paulo]: Instituto Socioambiental, c2022. Disponível em: https://mirim.org/pt-br/como-vivem/alimentacao. Acesso em: 6 jun. 2022.

Com a ajuda do professor, pesquise um instrumento de pesca tradicional dos tuyuka e, em uma folha à parte, faça um desenho para representá-lo. Depois, apresente-o aos colegas.

Circule as imagens de acordo com a legenda.

🔵 Nome que começa com a letra **Y**.

🟡 Nome que termina com a letra **Y**.

UNIDADE 24

A letra Z

zabumba

Vamos relembrar a letra z/Z? Cubra o tracejado e copie-a.

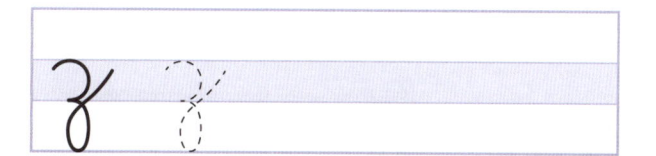

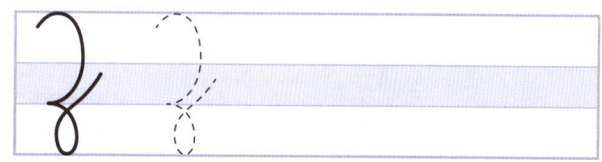

Agora, cubra o tracejado da família da letra z/Z e copie-a na linha de baixo.

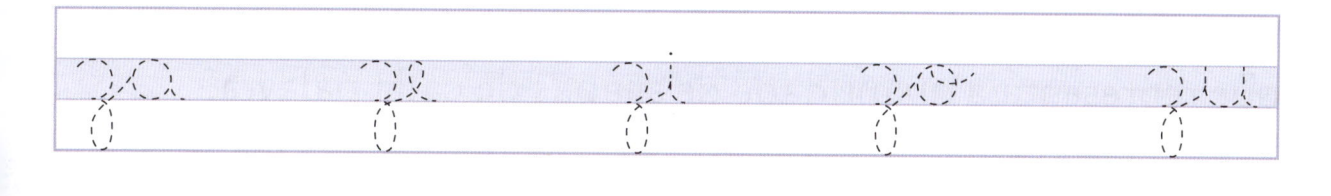

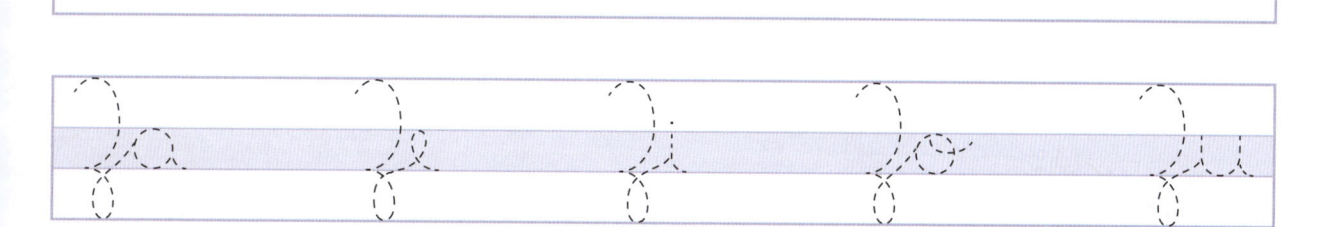

Complete as palavras com za, ze, zi, zo ou zu.

___bra   ___ro   ___rabatana

do___   ___bu   bu___na

a___itona   ___ngão   ___per

Junte as sílabas e forme palavras. Depois, escreva o número que representa a quantidade de sílabas de cada palavra.

co zi do _____

za bum ba _____

ze lo _____

zu mi do _____

Ouça a leitura do texto e pinte as palavras com a família da letra z/Z. Depois, responda às perguntas.

> Zimbro é pouco conhecido
> Mas de sobra tem sabor,
> Feijão cozido com zimbro
> Exala o mais puro amor.
>
> Zimbro é uma bolinha preta,
> Picante e adocicada,
> Amasse suas sementes,
> Veja se o sabor lhe agrada.
> [...]

César Obeid. **Abecedário de aromas**. São Paulo: Editora do Brasil, 2017. p. 60.

- O que é o zimbro?

  ☐ É uma bolinha preta, picante e adocicada.

  ☐ É uma bolinha vermelha, picante e adocicada.

- Qual prato fica gostoso temperado com zimbro?

  ☐ Arroz cozido.   ☐ Feijão cozido.

- O zimbro é um tempero:

  ☐ muito conhecido.   ☐ pouco conhecido.

Junte as sílabas destacadas em cada palavra e forme novas palavras com a família da letra z.

| dezessete | doze | zona |

_____

| dureza | beleza | leveza |

_____

| zebu | cozinha | azeitona |

_____

Você conhece o cartunista Ziraldo? Faça uma pesquisa sobre ele e complete a ficha abaixo.

NOME
_____
_____

LOCAL DE NASCIMENTO
_____

DATA DE NASCIMENTO
_____

PERSONAGENS QUE CRIOU
_____
_____

UNIDADE 25

O alfabeto

Cubra o tracejado do alfabeto minúsculo e, depois, escreva-o na linha de baixo.

a b c d e f g

h i j k l m n

o p q r s t u

v w x y z

Cubra o tracejado do alfabeto maiúsculo e, depois, escreva-o na linha de baixo.

A B C D E F G

H I J K L M N

O P Q R S T U

V W X Y Z

Observe as imagens e o nome delas. Depois, copie as palavras na tabela de acordo com a classificação de cada uma.

> Os **nomes próprios** (de pessoas, lugares, animais) começam sempre com **letra maiúscula**. Os **nomes comuns** são escritos com **letra minúscula**.

gato

Juliana

morango

Salvador

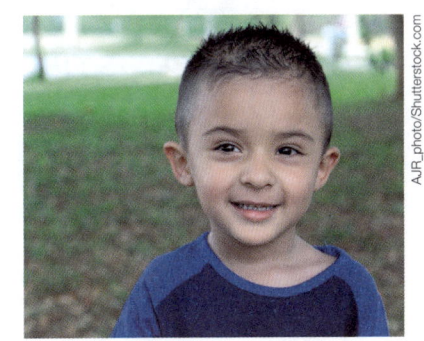

Miguel

cachorro

Nomes próprios	Nomes comuns

Observe o alfabeto e pinte as vogais de 🟠 e as consoantes de 🔵.

| A | B | C | D | E | F | G | H | I | J | K | L | M |

| N | O | P | Q | R | S | T | U | V | W | X | Y | Z |

Agora, observe as palavras e pinte as vogais de 🟠 e as consoantes de 🔵.

| A | P | I | T | O | C | A | S | A | P | O | U | C | O |

| B | L | U | S | A | M | E | I | A | S | E | D | A |

Complete as palavras com as letras que faltam e, depois, escreva-as nas linhas.

p_i_e _____

_ele_one _____

gai_ot_ _____

ho_el _____

_orv_te _____

bor_o_eta _____

102

Vamos brincar de "stop"? Siga as orientações do professor.

ANIMAL										
OBJETO										
FRUTA										
NOME										
LETRA										

UNIDADE 26

R inicial, r entre vogais e rr

marreco

As duas letras **rr** têm o mesmo som do **r** em início de palavra. As letras **rr** só ocorrem no meio das palavras.

Complete as palavras com **rr** e, depois, escreva-as nas linhas.

se__ote _____

ca__etel _____

ga__afa _____

so__iso _____

Quando dividimos essas palavras em sílabas, as letras **rr** ficam separadas.

ser	ro	te
sor	ri	so

car	re	tel
gar	ra	fa

Divida as palavras em sílabas. Preste atenção na divisão de rr.

barro ☐ ☐   barraca ☐ ☐ ☐

arroz ☐ ☐   corrida ☐ ☐ ☐

ferro ☐ ☐   marreta ☐ ☐ ☐

Complete as palavras com r ou rr e leia-as.

___abanete   ___emo   ba___iga   ve___uga

___aposa   ___úcula   go___o   to___e

Numere as imagens de acordo o nome delas.

1 BORRACHA
2 CARRO
3 CACHORRO
4 FERRO
5 GARRAFA

Observe as imagens e repita as palavras prestando atenção ao som da letra r.

carrinho   carinho

> Quando há apenas um r no meio da palavra, essa letra tem um som mais fraco.

Ordene as sílabas e forme palavras com r entre vogais.

ro	ze		ru	pe	
ba	ta	ra	re	ca	ta
fa	ra	gi	pe	ro	xa

Ouça as palavras que o professor vai ditar e escreva-as no quadro a seguir de acordo com o som da letra r.

r	rr
_____	_____
_____	_____
_____	_____
_____	_____

UNIDADE 27

S inicial, s entre vogais e ss

pássaro

As duas letras **ss** têm o mesmo som do **s** em início de palavra. As letras **ss** só ocorrem no meio das palavras.

Complete as palavras com **ss** e, depois, escreva-as nas linhas.

va__oura _____

pê__ego _____

dino__auro _____

deze__ete _____

Quando dividimos essas palavras em sílabas, as letras **ss** ficam separadas.

vas	sou	ra
pês	se	go

di	nos	sau	ro
de	zes	se	te

Separe as palavras em sílabas. Preste atenção na divisão de ss.

massa │   │   │   pessoa │   │   │   │

Rússia │   │   │   brússola │   │   │   │

tosse │   │   │   sossego │   │   │   │

osso   │   │   │   sussurro │   │   │   │

Observe as imagens e marque um **X** no nome delas.

☐ PASSA
☐ PÊSSEGO

☐ VOASSE
☐ VASSOURA

☐ GIRATÓRIO
☐ GIRASSOL

☐ TRAVESSEIRO
☐ AVESSO

Junte as sílabas e forme palavras com ss.

mis   sa   _____

pas   so   _____

car   ros   sel   _____

pes   so   a   _____

pas   sei   o   _____

Observe as imagens e repita as palavras prestando atenção ao som da letra s.

sapato

camiseta

A letra s no meio da palavra, entre duas vogais, tem o mesmo som da letra z.

Pinte a palavra que corresponde às imagens.

casaco	tesoura	física
besouro	risada	mesada
tesouro	visita	mesa

Ouça a leitura das adivinhas e escreva a resposta.

As meninas usam para dormir.
☐☐☐☐☐☐☐

Objeto utilizado para plantar flores.
☐☐☐☐

Encontre as palavras do quadro no diagrama. Depois, copie-as na coluna correta.

| SOFÁ | SACOLA | RAPOSA | ASSOBIO |
| MASSA | SUCO | PARAFUSO | CASULO |

I	R	A	P	O	S	A	F	E	Y
C	J	C	J	T	B	F	X	Z	S
P	W	E	G	P	S	H	N	A	A
A	L	C	A	S	U	L	O	B	C
R	J	Q	B	G	C	X	Y	Q	O
A	E	N	V	G	O	V	E	L	L
F	K	O	D	O	V	Z	A	M	A
U	J	L	O	M	A	S	S	A	R
S	N	K	Y	L	N	W	E	I	O
O	R	S	O	F	Á	S	Y	T	Y
X	A	S	S	O	B	I	O	T	Y

s inicial	s entre vogais	ss

UNIDADE 28

Palavras com nha, nhe, nhi, nho, nhu

joaninha

Cubra o tracejado e copie as sílabas na linha de baixo.

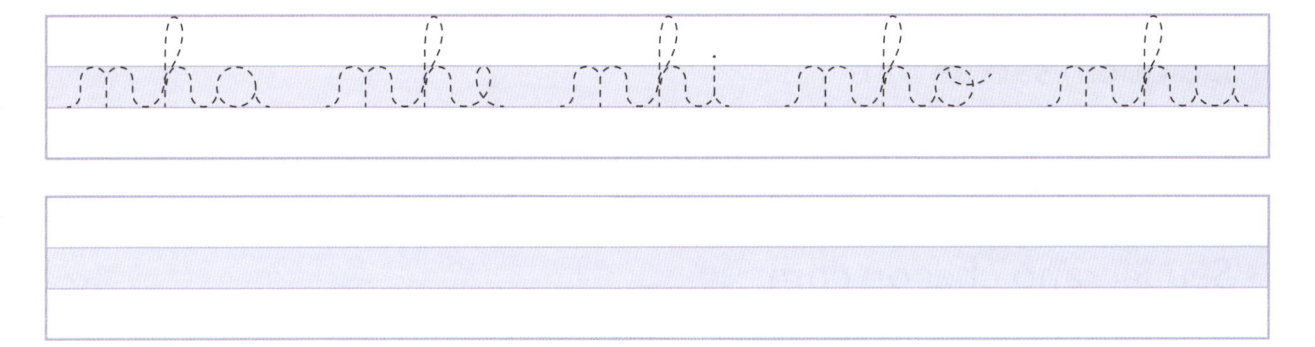

nha   nhe   nhi   nho   nhu

Complete as palavras com nha, nhe, nhi, nho ou nhu.

____que   i____me   di____iro

ara____   pi____iro   ba____sta

Ouça a leitura do poema e circule as palavras com *nha*, *nhe*, *nhi*, *nho* ou *nhu*. Depois, responda às perguntas.

Dona Fulana preguiçosa
Das panelas da Dona Fulaninha
não sai nenhuma fumacinha.
Seu Sicrano chegou com sede de camelo,
Beltraninho chegou com fome de leão
e Dona Fulaninha nem entrou na cozinha.
[...]

Jonas Ribeiro. **Poesias de dar água na boca**. São Paulo: Mundo Mirim, 2010. p. 8.

- De quem são as panelas?

  ☐ Da Dona Fulaninha.   ☐ Do Seu Sicrano.

- Seu Sicrano chegou com:

  ☐ uma fome de leão.   ☐ uma sede de camelo.

- Beltraninho chegou com:

  ☐ uma fome de leão.   ☐ uma sede de camelo.

Escolha uma palavra do texto que você circulou e escreva uma frase.

_____

_____

_____

Complete as frases substituindo as imagens pelas palavras do quadro.

| gafanhoto | cegonha | minhoca | lenha |
| sardinha | banheira | ninho | |

- A 🐟 _____ é um peixe de água salgada.

- Ana toma banho na 🛁 _____.

- O 🦗 _____ se alimenta de plantas.

- Encontrei uma 🪱 _____ no jardim.

- A 🦩 _____ faz seu 🪺 _____ em árvores altas.

- No sítio há um fogão à 🪵 _____.

UNIDADE 29

Palavras com lha, lhe, lhi, lho, lhu

coelho

Cubra o tracejado e copie as sílabas na linha de baixo.

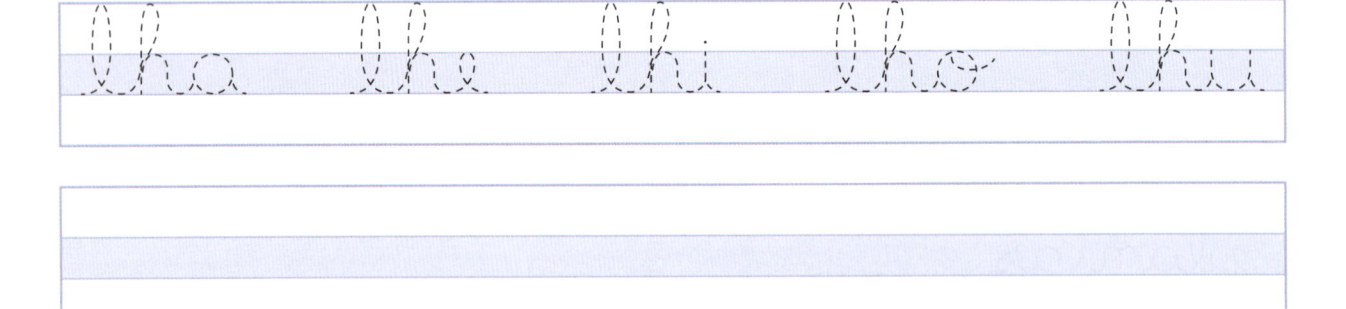

lha lhe lhi lho lhu

Complete as palavras com lha, lhe, lhi, lho ou lhu.

___ma

repo___

rama___te

meda___

ta___res

a___

Ouça a leitura do texto e sublinhe as palavras com *lha*, *lhe*, *lhi*, *lho* ou *lhu*.

Onde está a paz?

No silêncio ou no barulho?
No salto ou no mergulho?
No perdão ou no orgulho?

Nos cantinhos da escola?
Nos arames da gaiola?
No cerol da rabiola? [...]

Mas, onde está a paz?
Paz está dentro de mim
Nas flores do jardim
No carinho dos avós,
Paz está dentro de nós!

César Obeid e Jonas Ribeiro. **Poesias para a paz**. São Paulo: Editora do Brasil, 2016. p. 4 e 5.

E para você, onde está a paz? Converse com os colegas e o professor.

Recorte de revistas ou jornais uma palavra com *lha*, *lhe*, *lhi*, *lho* ou *lhu*.

Substitua os símbolos pelas sílabas de acordo com a legenda e forme palavras com **lha, lhe, lhi, lho** ou **lhu**.

🔴 lha   🟢 lhe   🔵 lhi   🟡 lho   🟣 lhu

envi🔴 _____

mi🟡 _____

bi🟢te _____

si🟣eta _____

aco🔵da _____

joe🟡 _____

toa🔴 _____

Ouça a leitura do trecho do conto de fadas e circule uma palavra com **lh**. Depois, copie-a na linha.

> Todos os dias, a madrasta perguntava a seu Espelho mágico:
> — Espelho, espelho meu, existe alguém mais bela do que eu?
>
> Conto reescrito especialmente para esta obra.

_____

O que o Espelho respondia à madrasta? Continue contando a história para os colegas e o professor.

UNIDADE 30

Palavras com cha, che, chi, cho, chu

cachorro

Cubra o tracejado e copie as sílabas na linha de baixo.

cha   cha   chi   che   chu

Complete as palavras com cha, che, chi, cho ou chu.

____leira    ____calho    boli____

____peta    ____nelo    ____ve

Recite a parlenda e pinte apenas as sílabas cha, che, chi, cho ou chu.

> Quem cochicha,
> O rabo espicha
> Come pão
> Com lagartixa
>
> Parlenda.

Copie do texto as palavras que rimam.

_____

As letras ch têm o mesmo som da letra x.

Junte as sílabas e forme palavras com cha, che, chi, cho ou chu.

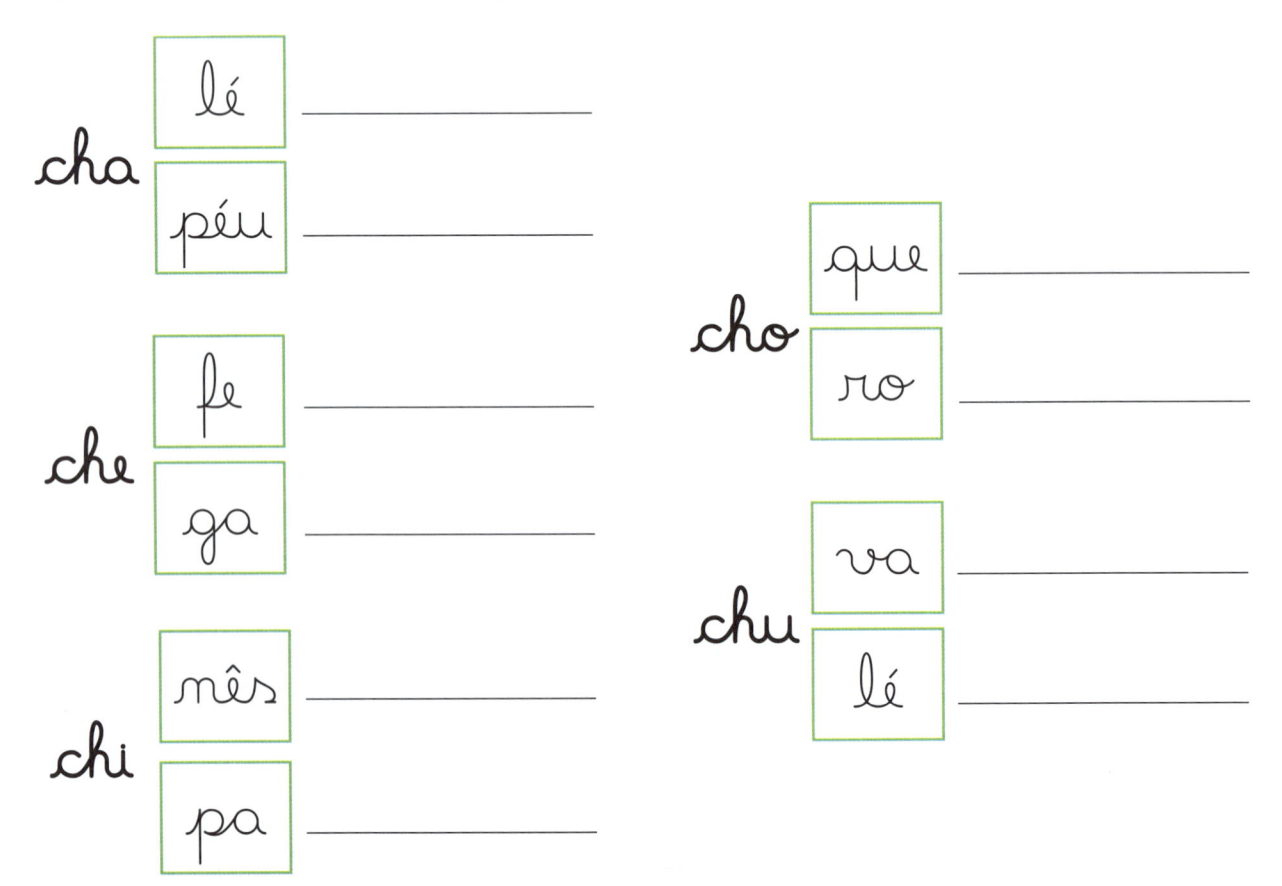

cha
- lé _____
- péu _____

che
- fe _____
- ga _____

chi
- nês _____
- pa _____

cho
- que _____
- ro _____

chu
- va _____
- lé _____

Copie as palavras na coluna correta de acordo com a sílaba.

boliche cheque ficha chupim cachoeira
cochilo mochila bicho chuteira machado

cha	che

chi	cho

chu

Ouça a dica do professor e adivinhe a palavra. Depois, escreva-a.

- Objeto que fica no banheiro e usamos para tomar banho. _____
- Peça de roupa de inverno que usamos enrolada no pescoço. _____
- Bebida feita com água quente, ervas e folhas. _____

UNIDADE 31

A cedilha: ça, ço, çu

laço

Cubra o tracejado e copie as sílabas na linha de baixo.

ça   ço   çu

A cedilha (¸) é um sinal colocado abaixo da letra **c** antes das vogais **a**, **o** e **u**. As sílabas **ça**, **ço** e **çu** têm o mesmo som da letra **s** em início de palavra.

Complete as palavras com ça, ço ou çu.

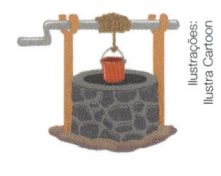

palha___   a__car   on___   po___

A cedilha não é usada no começo das palavras nem com as vogais **e** e **i**.

Ordene as sílabas e forme palavras.

ço	pe	da	_____	cão	ra	co	_____
ro	ca	ço	_____	ma	fu	ça	_____
çú	a	car	_____	çu	la	ca	_____
de	a	çu	_____	ça	dor	ca	_____

Complete as palavras com ça, ce, ci, ço ou çu.

pa___ca   ma__~   cupua___   mo___

cal___   do___   melan___a   ___garra

UNIDADE 32

Palavras com as, es, is, os, us

cesta

Complete as palavras com as, es, is, os ou us.

m´__cara

p__tel

c__ne

f´__foro

ônib__

__cola

__cova

__quilo

__cada

Complete as frases com as palavras do quadro.

| espelho | biscoito | lilás |
| mosca | vestido | escada |

- Estela subiu a _____.
- A _____ pousou na janela.
- Israel se olha no _____.
- Celeste comeu _____ de chocolate.
- O _____ de Ana é _____.

Acrescente uma letra s depois da vogal da primeira sílaba de cada palavra e forme novas palavras. Siga o modelo.

gota → gosta

lema → _____

gato → _____

pote → _____

pata → _____

reto → _____

capa → _____

Junte as sílabas de acordo com os números e escreva as palavras formadas.

| 1. co | 2. es | 3. mo | 4. pas |
| 5. to | 6. la | 7. ros | 8. jo |

7 + 5 _____   2 + 3 + 6 _____

4 + 3 _____   2 + 1 + 6 _____

4 + 5 _____   2 + 5 + 8 _____

Forme frases com as palavras abaixo.

estrada

_____

_____

asno

_____

_____

suspiro

_____

_____

óculos

_____

_____

UNIDADE 33

Palavras com ar, er, ir, or, ur

urso

Complete as palavras com ar, er, ir, or ou ur.

b___co 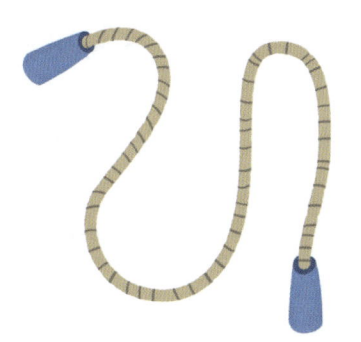   c___da    cad___no

s___vete    c___co    c___ta

Observe a cena e escreva uma história com base nela.

_____

_____

_____

_____

Observe as imagens e escreva o nome delas.

_____ _____ _____

_____ _____ _____

Separe as palavras em sílabas.

horta

erva

sentir

urbano

arbusto

Ordene as palavras e forme frases.

4	2	5	3	6	1
pintou	senhor	a	Carlos	porta	O

_____

1	5	2	4	3
Roberto	forte	é	menino	um

_____

4	3	6	5	1	2
barco	um	isopor	de	Carla	fez

_____

UNIDADE 34

Palavras com al, el, il, ol, ul

alface

Observe as palavras abaixo e copie-as nas colunas corretas.

anel	pulga	anil	pulso	alfinete
canil	varal	talco	solfejo	cultura
jornal	funil	hotel	galpão	caracol
pincel	multa	feltro	solda	soldado
pastel	azul	filme	barril	futebol

al	el	il	ol	ul

Complete as palavras com al, el, il, ol ou ul.

c__ça   pap__   barr__

carross__   az__   b__sa

p__ga   carret__   __finete

Separe as palavras em sílabas.

funil ☐ ☐   alface ☐ ☐ ☐

papel ☐ ☐   soldado ☐ ☐ ☐

talco ☐ ☐   almoço ☐ ☐ ☐

Complete o diagrama de palavras.

UNIDADE 35

Palavras com am, em, im, om, um

tambor

A letra m depois de a, e, i, o, u deixa as vogais com som nasal.

Circule as palavras que tenham am, em, im, om ou um.

homem	jardim	umbigo	tombo	fogo
escada	campo	ombro	imbuia	carro
bambu	bumbo	nuvem	tempo	

Ordene as sílabas e forme palavras.

pa	lâm	da	_____
go	um	bi	_____
pa	em	da	_____
pe	lim	pa	_____

Complete as palavras com am, em, im, om ou um.

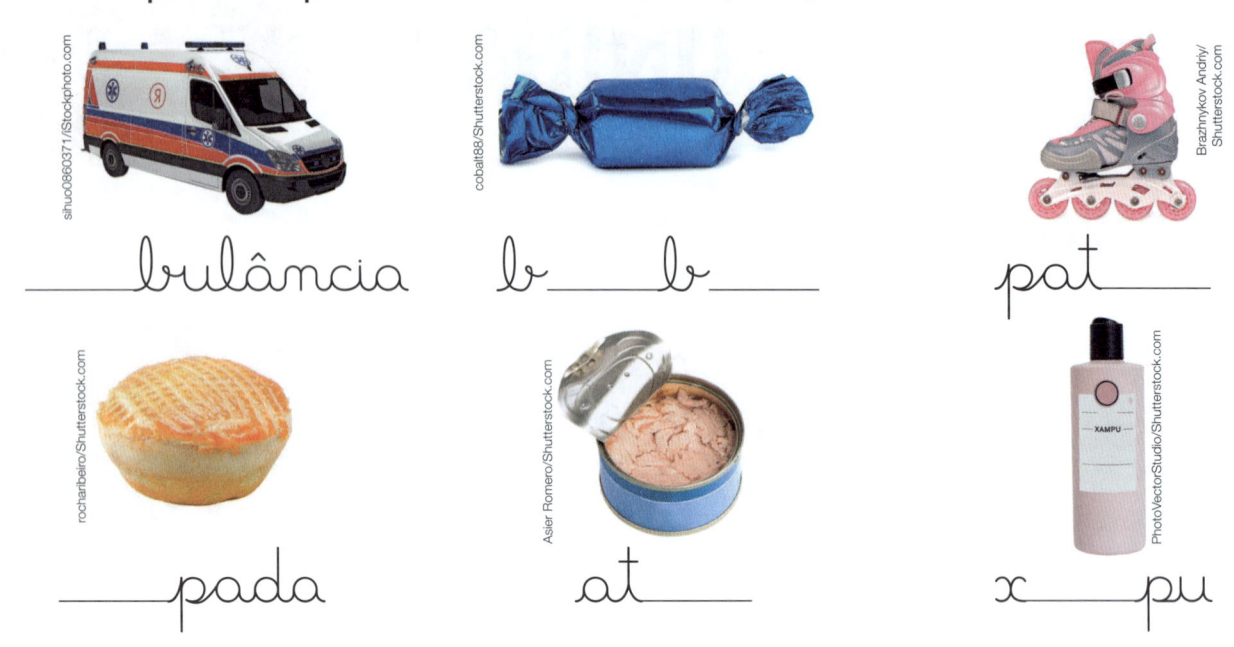

ambulância   bombom   patim

empada   atum   xampu

Observe as imagens e escreva o nome delas usando as palavras do quadro.

tampa	pudim	bombeiro
vagem	bumbo	amendoim

_____   _____   _____

_____   _____   _____

Ordene as palavras e forme frases.

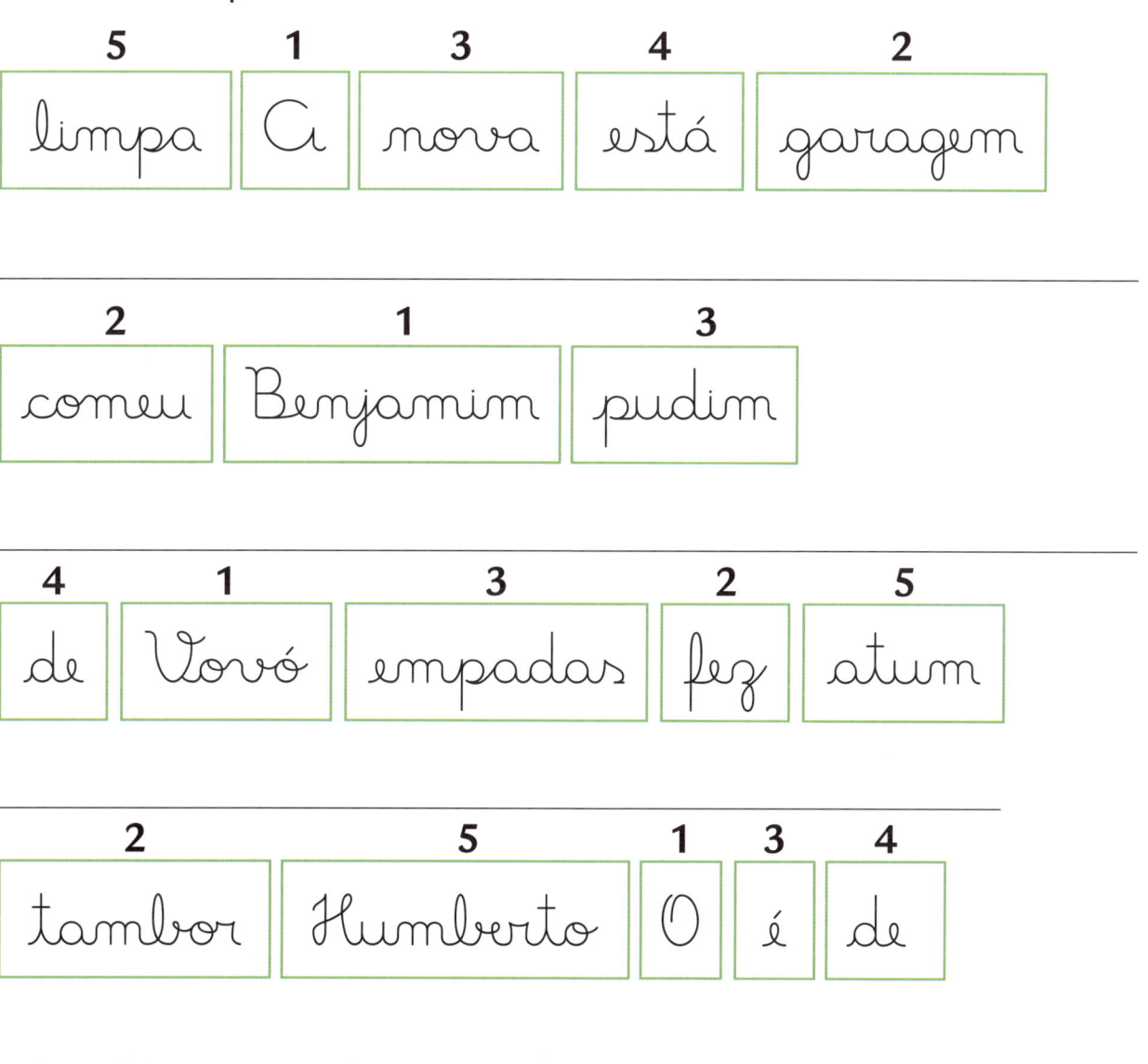

5	1	3	4	2
limpa	A	nova	está	garagem

___

2	1	3
comeu	Benjamim	pudim

___

4	1	3	2	5
de	Vovó	empadas	fez	atum

___

2	5	1	3	4
tambor	Humberto	O	é	de

___

Escolha uma das frases e faça um desenho no quadro abaixo para ilustrá-la.

Complete o diagrama de palavras.

1. POMBO
2. UMBIGO
3. BATOM
4. NUVEM
5. CAPIM
6. ÁLBUM
7. CARIMBO
8. CAMPO

UNIDADE 36

Palavras com an, en, in, on, un

anta

A letra n depois de a, e, i, o, u deixa as vogais com som nasal.

Divida as palavras em sílabas e, depois, copie-as.

bengala

morango

pantera

Observe as palavras do quadro e copie-as nas colunas corretas.

andar	antigo	onda	inverno
ontem	mundo	untar	enxada
	pingo	lente	

Palavras com am
_____

Palavras com em
_____

Palavras com im
_____

Palavras com on
_____

Palavras com um
_____

Escolha uma das palavras da atividade anterior e escreva uma frase.

_____

Ouça a leitura do poema e sublinhe as palavras com *am*, *em*, *im*, *on* ou *um*.

Povos diversos

Fui a todos continentes,
Vi culturas diferentes.

Vi milhares de bandeiras,
Maneiras e fronteiras.

Ouvi milhares de idiomas
E senti muitos aromas.

Ouvi sotaques e hinos
Na voz de meninas e meninos. [...]

César Obeid e Jonas Ribeiro. **Poesias para a paz**. São Paulo: Editora do Brasil, 2016. p. 6.

Observe as bandeiras e complete o nome dos países com *am*, *em*, *im*, *on* ou *um*.

___gola   ___glaterra   F___l___dia

H___duras   Iêm___   ___dia

UNIDADE 37

Palavras com az, ez, iz, oz, uz

avestruz

> A letra z depois de a, e, i, o, u tem o mesmo som da letra s no final de sílabas.

Complete as palavras com az, ez, iz, oz ou uz.

cap____   n____   xadr____

nar____   g____   rap____

ra____   d____   arr____

Em cada quadro, observe a imagem, circule as sílabas que formam o nome dela e escreva-o na linha.

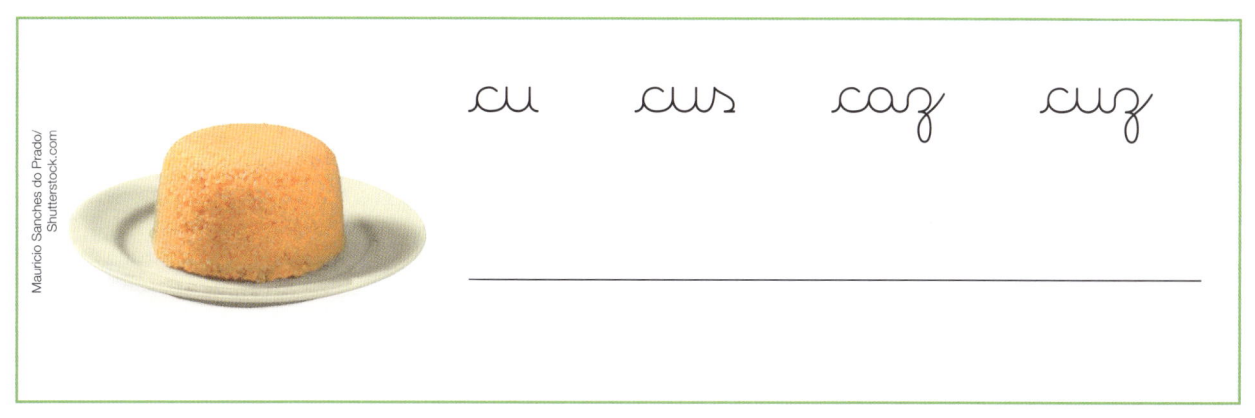

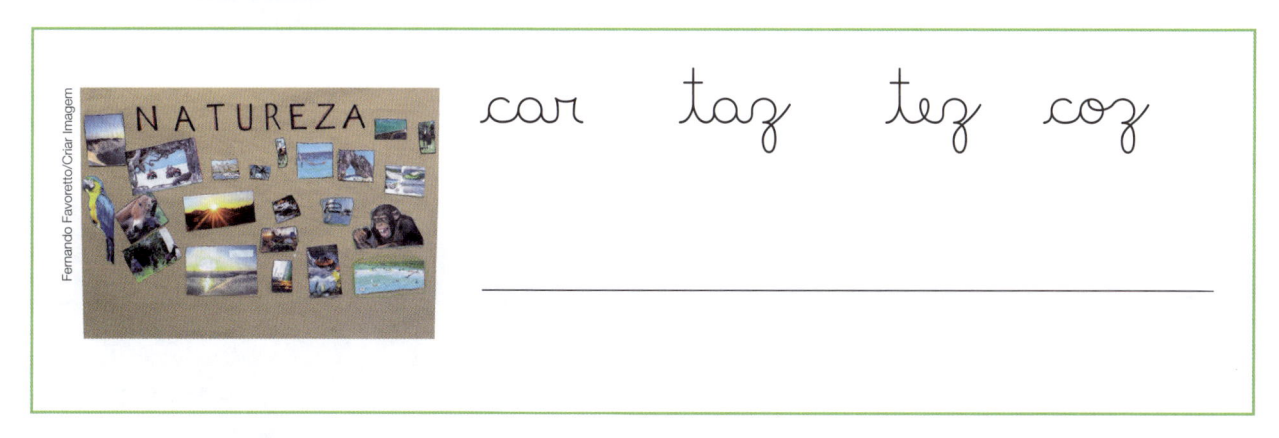

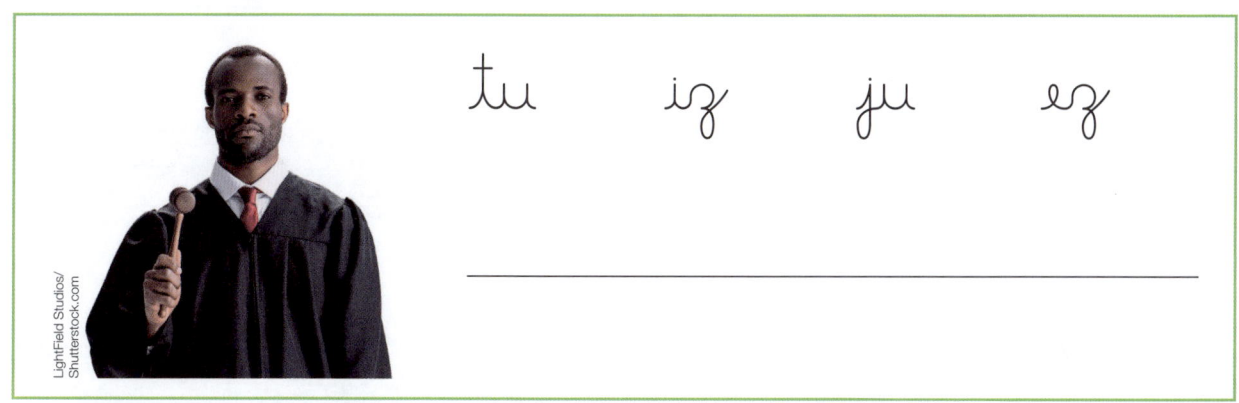

cu   cus   caz   cuz

_____

che   fa   cha   riz

_____

car   taz   tez   coz

_____

tu   iz   ju   ez

_____

Pinte apenas a palavra que completa a frase. Depois, copie a frase inteira na linha de baixo.

Laura sorri porque está | feliz / feroz
_____

Por favor, apague a | luz / capuz
_____

Não consegue falar porque perdeu a | voz / noz
_____

Ana fez uma prova e tirou | dez / vez
_____

Você já brincou, agora é minha | dez / vez
_____

UNIDADE 38

Palavras com br, cr, dr, fr, gr, pr, tr e vr

Leias as palavras com o professor e escreva-as no quadro nas colunas corretas.

| prego | grama | cruz | trem |
| vidro | fruta | brinco | livro |

br	cr
dr	**fr**
gr	**pr**
tr	**vr**

Ouça a leitura do trava-língua e repita-o o mais rápido que conseguir. Depois, pinte as palavras de acordo com a legenda.

- Palavras com gr.
- Palavras com pr.
- Palavras com tr.

Três pratos de trigo
Para três tigres tristes
Três tigres tristes
Para três pratos de trigo

Trava-língua.

Complete as palavras com br, cr, dr, fr, gr, pr ou tr.

ca___ito

___igideira

___édio

e___edom

___ocodilo

___ave

___avo

___avata

___ango

Reescreva as palavras a seguir colocando uma letra r depois da consoante inicial e forme novas palavras. Siga o modelo.

baço → braço   paga → _____

boca → _____   pato → _____

cavo → _____   toca → _____

cedo → _____   tem → _____

dama → _____   fita → _____

gude → _____   fonte → _____

Junte as sílabas de acordo com a legenda e forme palavras.

| 1 | bra | 2 | fra | 3 | tra | 4 | fri | 5 | gra |
| 6 | to | 7 | sa | 8 | ma | 9 | va | 10 | co |

1 + 7 = _____   4 + 6 = _____

1 + 9 = _____   5 + 6 = _____

2 + 10 = _____   5 + 8 = _____

3 + 6 = _____   5 + 9 = _____

UNIDADE 39

Palavras com bl, cl, fl, gl, pl e tl

Leias as palavras com o professor e escreva-as no quadro nas colunas corretas.

blusa	flor	bloco	clima
clube	flauta	iglu	planta
atleta	glacê	diploma	atlas

bl	cl

fl	gl

pl	tl

Ordene as sílabas, forme palavras e escreva-as.

ma	plu				_____
pe	di				_____
bo	glo				_____
ta	flo	res			_____
ma	ne	bli			_____
ne	ta	pla			_____
de	ci	bi	ta		_____
a	tis	tle	mo		_____

Escolha uma palavra da atividade anterior e faça um desenho para representá-la. Depois, troque de livro com um colega e descubra o que ele desenhou.

Ordene as palavras e forme frases.

4	3	1	2	5
amam	Clara	Flávia	e	plantas

4	1	5	3	2
está	Hoje	nublado	dia	o

1	4	3	5	2	6
A	livros	tem	de	biblioteca	inglês

2	4	6	5	1	3
tem	blusa	flanela	de	Glória	uma

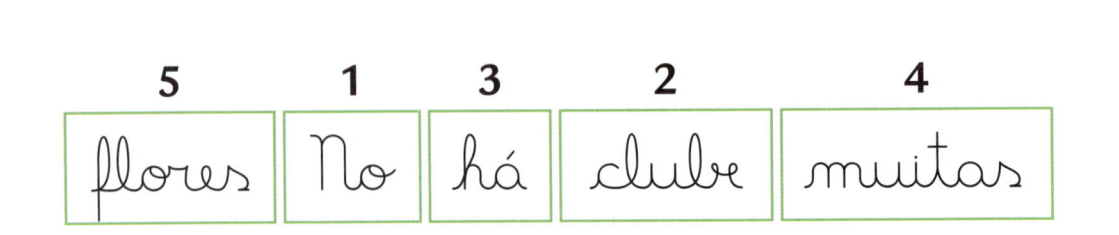

5	1	3	2	4
flores	No	há	clube	muitas

UNIDADE 40

Palavras com gua, guo, gue, gui

Leias as palavras com o professor e escreva-as no quadro nas colunas corretas.

| foguete | sagui | jegue | guaraná |
| guache | exíguo | guitarra | enxáguo |

gua	guo
___	___
___	___

gue	gui
___	___
___	___

Siga as setas e forme palavras.

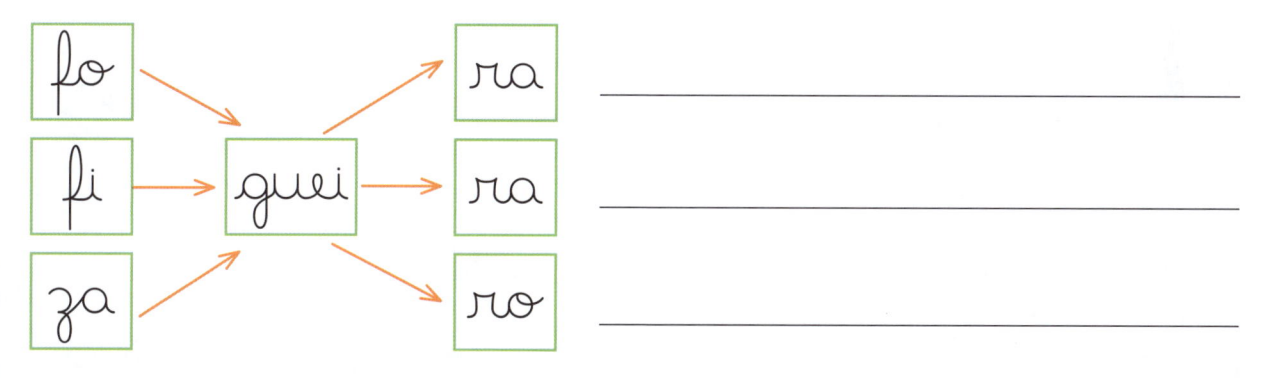

fo →
fi → gui → ra ___
za →   → ra ___
          → ro ___

Desembaralhe as sílabas e forme palavras com gua, gue e gui.

| da guar | fo gue te | cho guin |

| gue çou a | gua ca ri ja ti | ran ca jo gue |

Reescreva as frases substituindo as imagens por uma palavra com gua, gue ou gui.

Você me empresta sua _____ ?

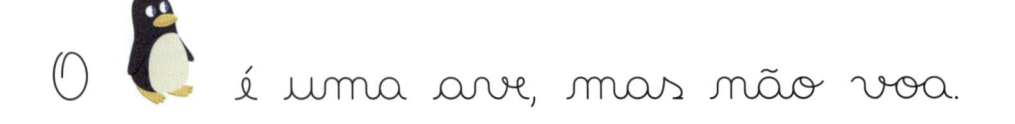

O bombeiro apaga o fogo com a _____ .

O _____ é uma ave, mas não voa.

Abra a boca e mostre a _____ .

UNIDADE 41

Os sons da letra X

A letra **X** pode representar vários sons.

Com a ajuda do professor, leia as palavras e preste atenção no som da letra **X**.

x com som de s/ss	x com som de z
texto	exame
máximo	existe

x com som de ch	x com som de cs
caixa	táxi
peixe	boxe

Complete as palavras com a letra x e leia-as em voz alta. Depois, ligue-as ao som da letra x de cada uma.

a___ila

e___ercício

abaca___i

apro___imar

se___ta-feira

- som de **z**
- som de **ch**
- som de **cs**
- som de **s/ss**

Pinte a letra x nas palavras de acordo com a legenda.

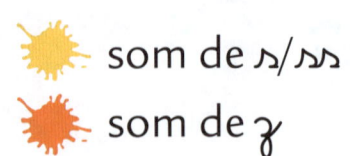

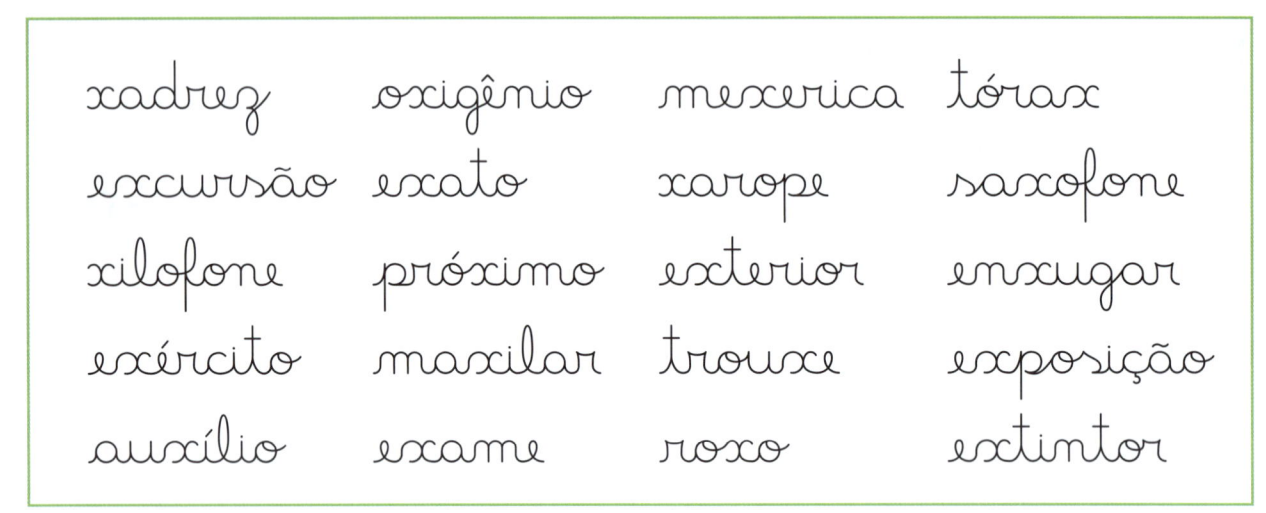

- 🟡 som de s/ss
- 🔵 som de ch
- 🟠 som de z
- 🟢 som de cs

xadrez	oxigênio	mexerica	tórax
excursão	exato	xarope	saxofone
xilofone	próximo	exterior	enxugar
exército	maxilar	trouxe	exposição
auxílio	exame	roxo	extintor

Recorte de jornais e revistas palavras com a letra x e cole-as nos quadros de acordo com o som dela.

x com som de s/ss

x com som de z

x com som de ch

x com som de cs

MATEMÁTICA

Baía de Guanabara

Situada no estado do Rio de Janeiro, a **Baía de Guanabara** é uma porção de mar, ou oceano, rodeada por terra. Muitos a consideram a baía mais bela do mundo.

A paisagem da Baía de Guanabara é exuberante e mesclada por belezas naturais, como o Morro do Pão de Açúcar, rochedos, encostas e picos, e por construções feitas pela civilização brasileira.

Vista aérea da Baía de Guanabara. Rio de Janeiro, Rio de Janeiro, 2016.

UNIDADE 1

Coordenação visomotora

Vovó prepara coisas deliciosas. Pinte de 🎨 a surpresa que está dentro do fogão.

Os gatos da vovó se esconderam na hora da festa. Encontre o gatinho embaixo da mesa e pinte-o de 🟦. Depois, pinte de 🟢 o gatinho em cima do sofá.

Agora, escolha sua cor favorita para pintar o gatinho que está atrás do sofá.

Pinte os balões seguindo as cores do contorno.

Faça um **X** na caixa de presente maior e pinte as demais.

Vamos identificar cada caixa de presente?

Com canetinha hidrocor, cubra o tracejado das caixas. Depois, pinte a caixa que está **em cima**, desenhe um brinquedo na caixa que está **embaixo** e faça bolinhas na caixa do **meio**.

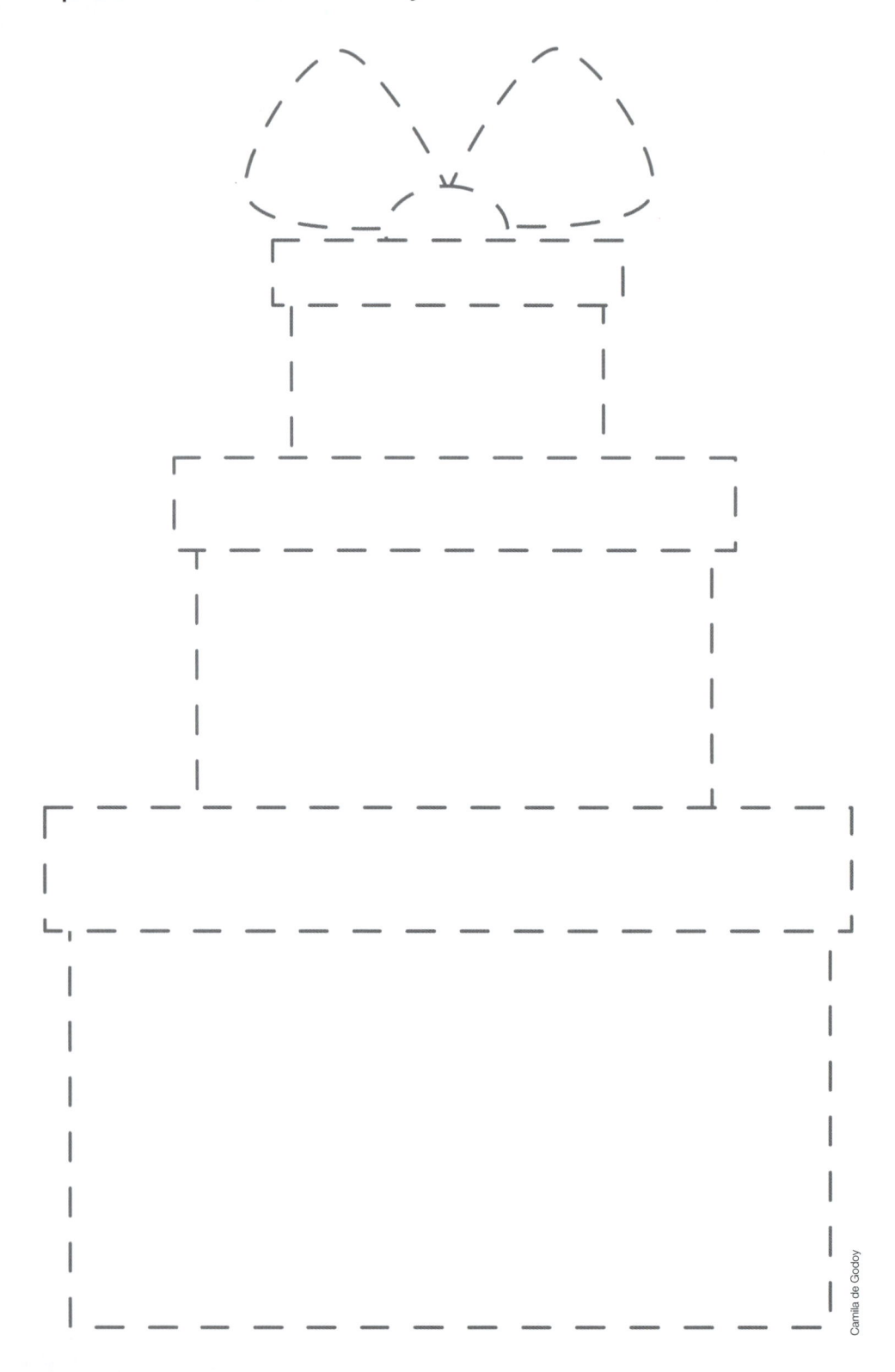

UNIDADE 2

Recordando os numerais de 0 a 10

Você se lembra destes numerais?

Conte os brinquedos e cubra o tracejado dos numerais.

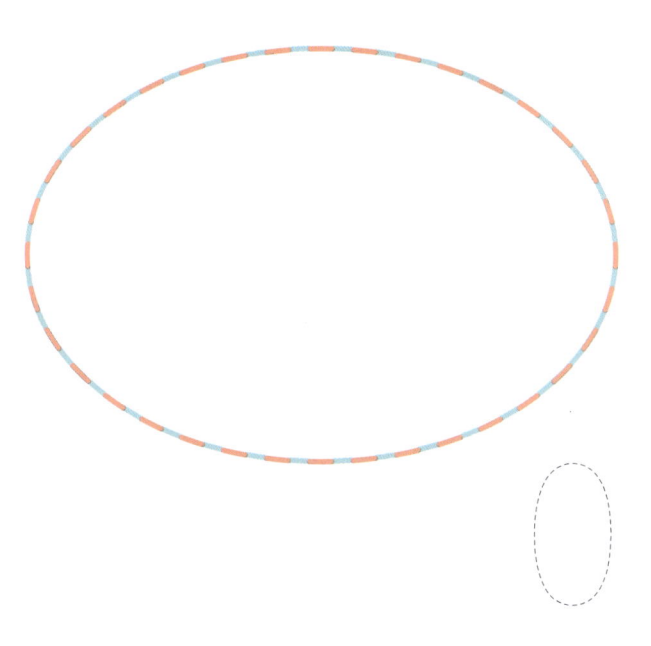

0

Dois patins.

Uma bicicleta.

Três ursinhos.

Quatro tartarugas.

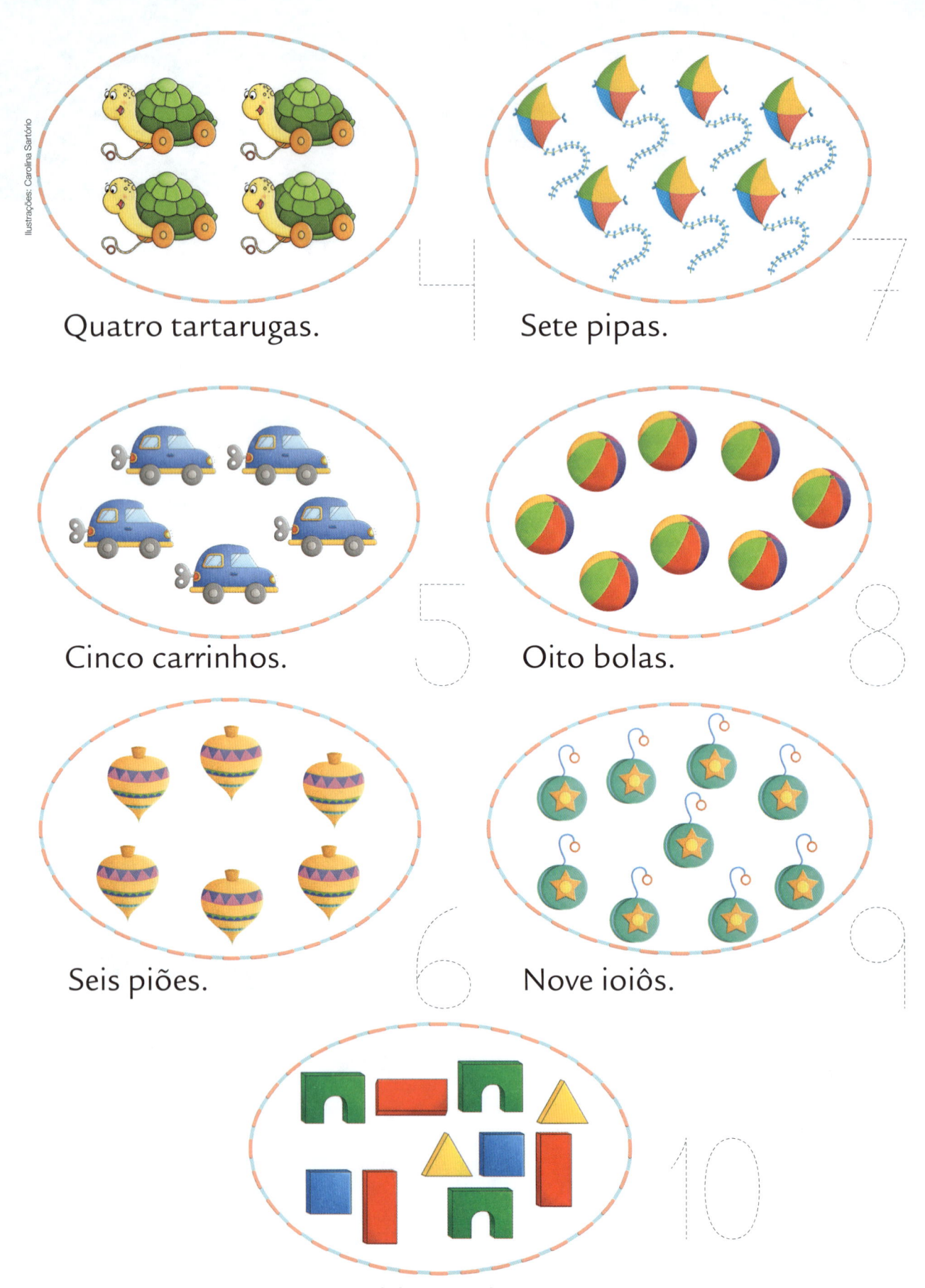

Sete pipas.

Cinco carrinhos.

Oito bolas.

Seis piões.

Nove ioiôs.

Dez blocos de montar.

Agora, cubra o tracejado dos números e escreva-os na linha.

0 0 _____

1 1 _____

2 2 _____

3 3 _____

4 4 _____

5 5 _____

6 6 _____

7 7 _____

8 8 _____

9 9 _____

10 10 _____

Molhe um dedo com tinta guache e carimbe para formar os corpos das centopeias de acordo com os números.

6

4

10

7

5

Quantas pintinhas tem a joaninha abaixo? Conte-as e escreva no quadrinho o número que representa essa quantidade.

Agora é sua vez! Desenhe a quantidade de pintinhas na joaninha conforme o número.

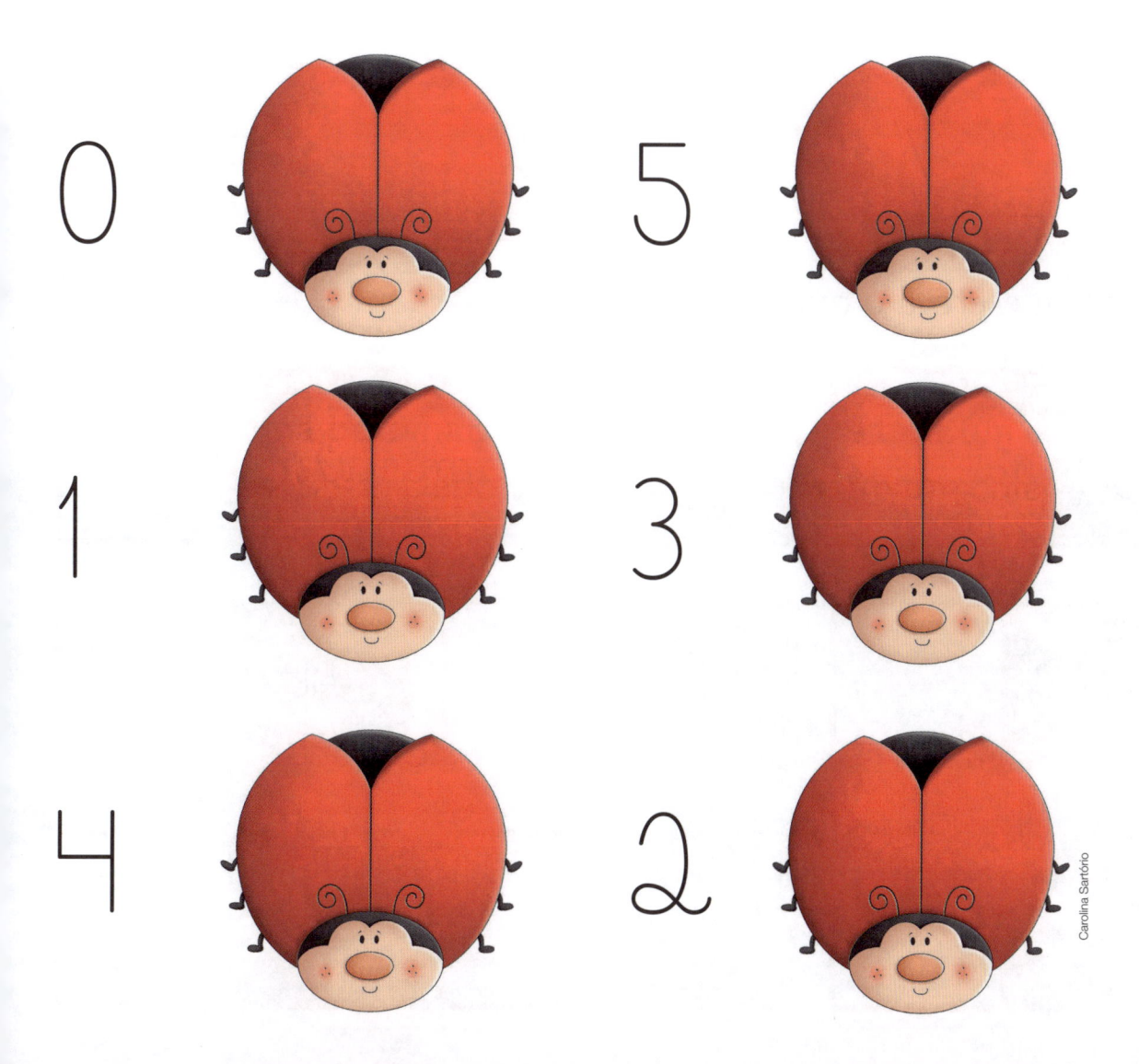

0

5

1

3

4

2

Complete a sequência numérica.

___ 1 ___ ___ 4 ___ ___ 7 ___ ___ 10

Escreva o numeral que vem **antes**.

___	3
___	2
___	4
___	5
___	6
___	1
___	7
___	8
___	9

Agora, escreva o que vem **depois**.

5	___
3	___
7	___
2	___
1	___
4	___
6	___
8	___
9	___

UNIDADE 3

Agrupamentos

Observe com atenção:

Aqui temos alguns livros.

Se passarmos uma linha fechada ao redor dos livros, formamos um **agrupamento**.

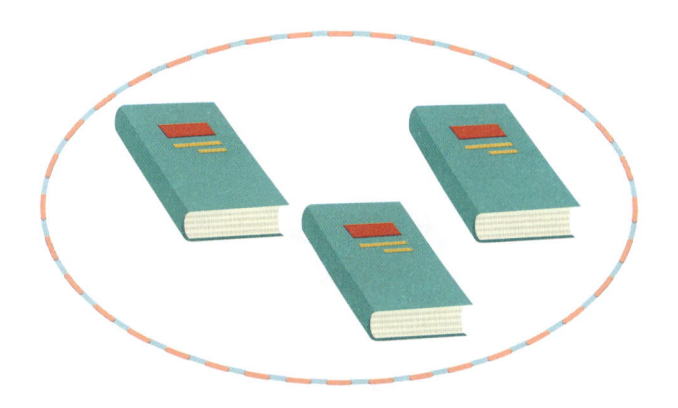

Agora, veja outros **agrupamentos**.

Agrupamento de lápis.

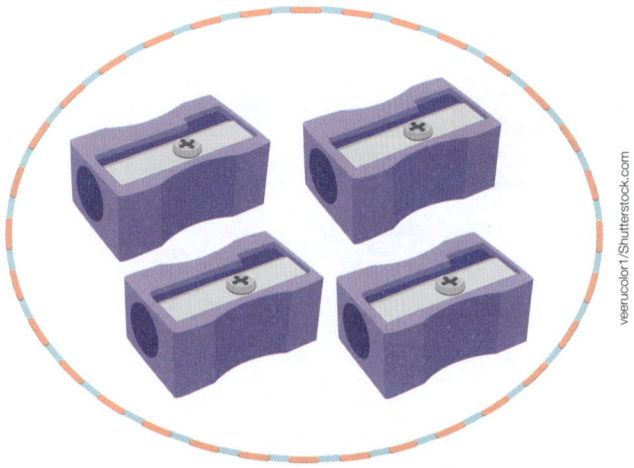

Agrupamento de apontadores.

Cada lápis e apontador representa um **elemento** do agrupamento.

Ligue os agrupamentos que têm o mesmo número de elementos.

Ligue cada elemento ao agrupamento a que pertence.

164

Agrupamento vazio

Preste atenção:

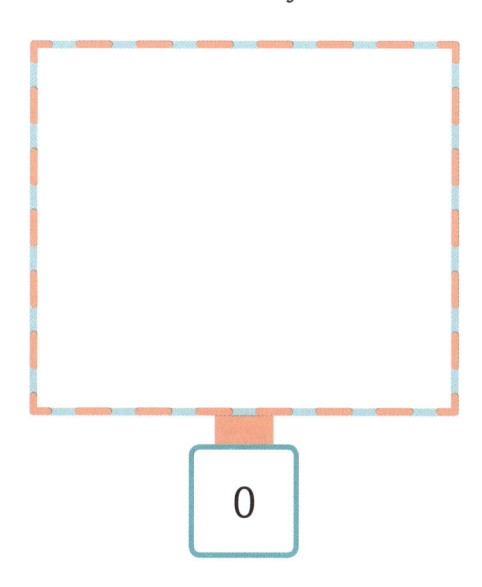

Esse agrupamento não tem elementos.

O agrupamento que não tem elementos é chamado de **agrupamento vazio**.

Indicamos o agrupamento **vazio** com o número **0** (**zero**). O zero representa a **ausência de elementos**.

Observe os agrupamentos e escreva o número que representa a quantidade de elementos de cada um. Depois, marque com um **X** os agrupamentos vazios.

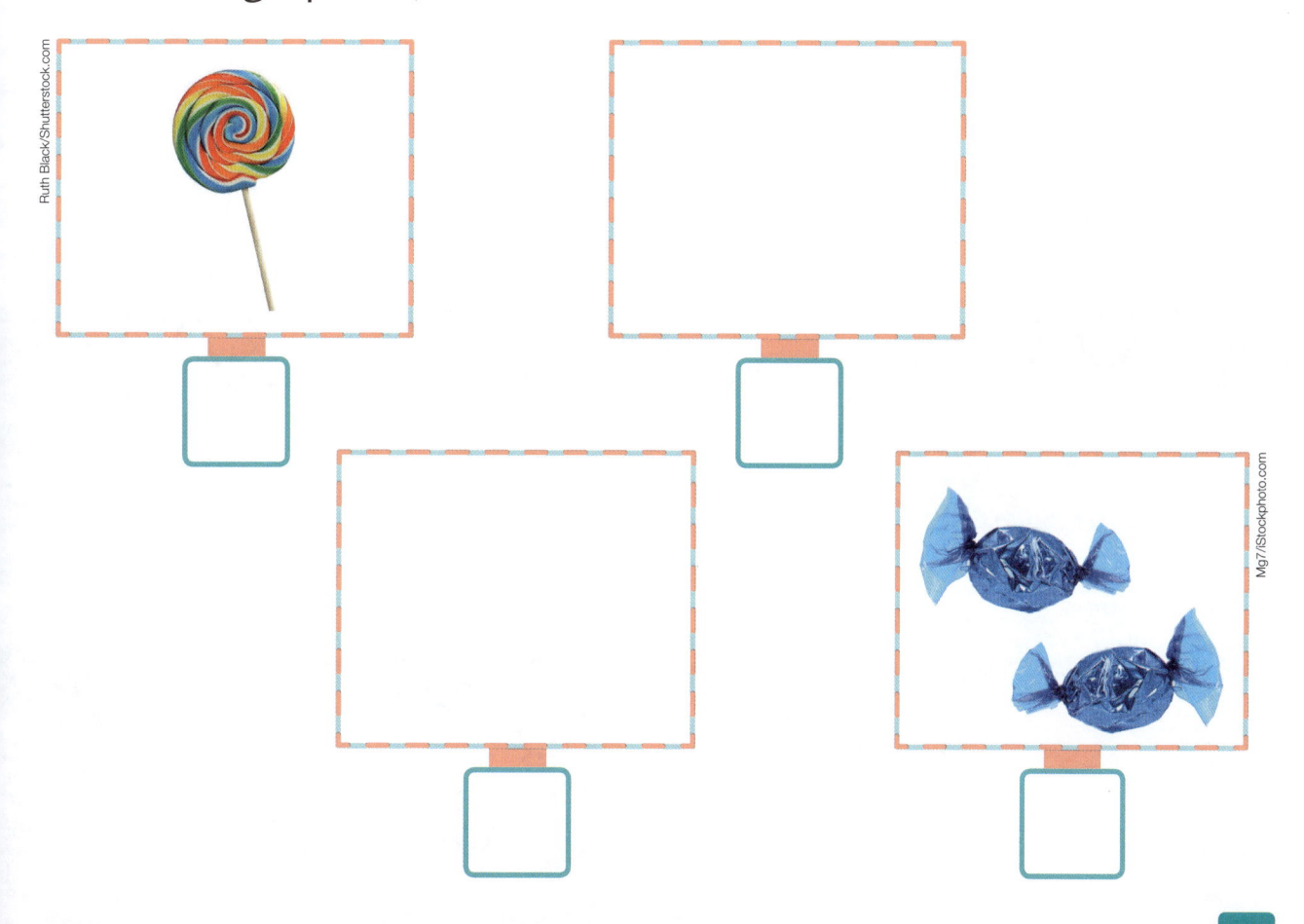

Agrupamento unitário

Observe estes agrupamentos. Eles são formados por **um só** elemento.

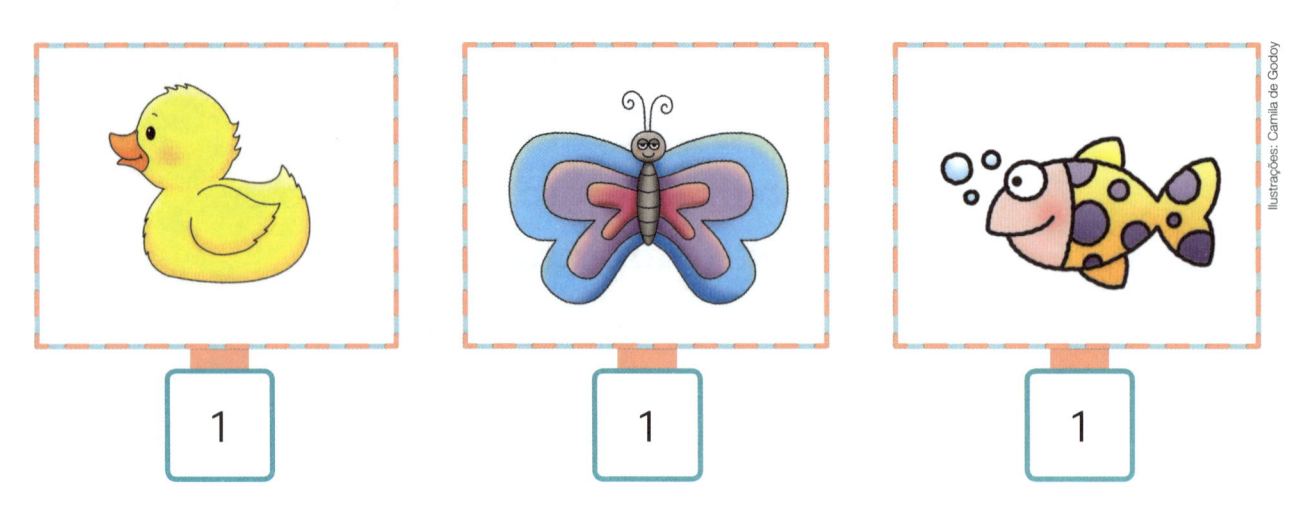

| 1 | 1 | 1 |

O agrupamento que tem só **um elemento** chama-se **unitário**.

Pinte os agrupamentos **unitários** e faça uma **+** nos **vazios**.

Igualdade e desigualdade

Observe estes dois agrupamentos:

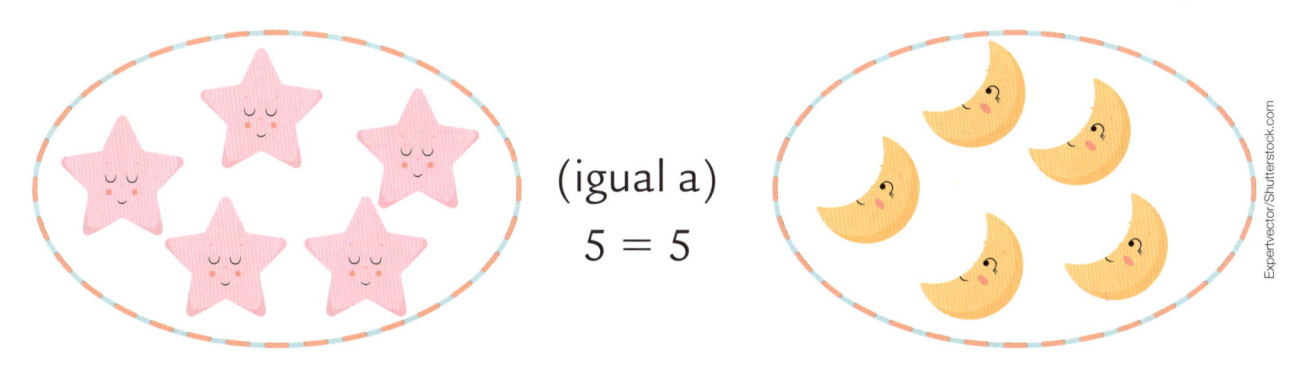

(igual a)
$5 = 5$

Eles têm quantidades **iguais** de elementos.

Quando os agrupamentos têm a **mesma quantidade de elementos**, usamos o sinal **=** (**igual a**), assim: $5 = 5$.

Pinte os agrupamentos que têm a mesma quantidade de elementos e escreva o sinal **=** (**igual a**) entre eles.

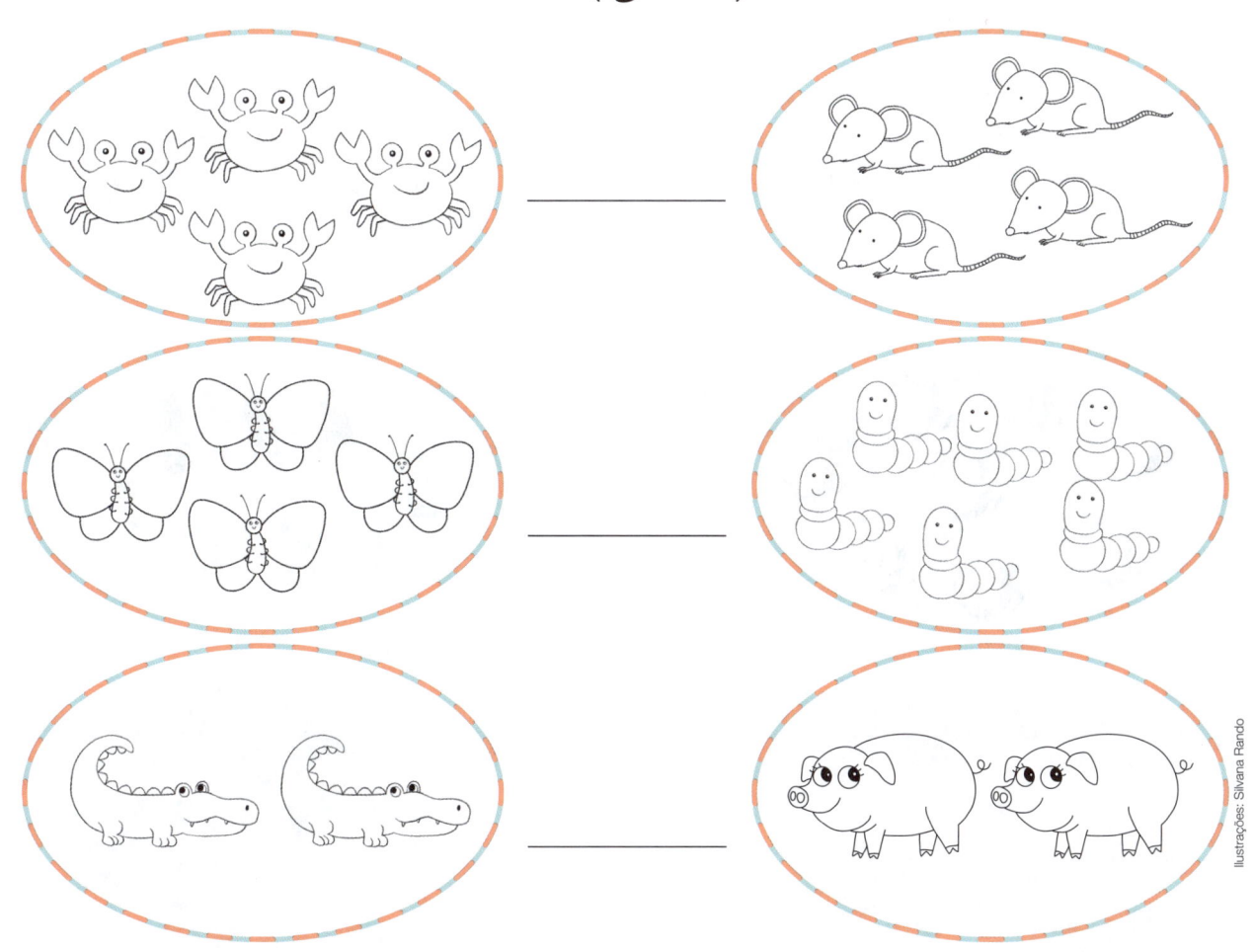

Agora, observe os agrupamentos abaixo:

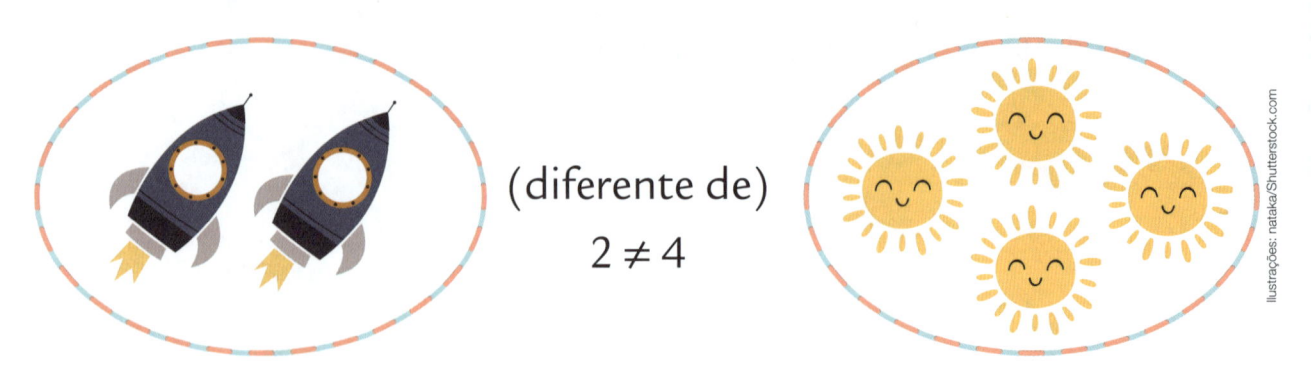

(diferente de)
$2 \neq 4$

A quantidade de elementos de um agrupamento é **diferente** do outro.

Quando os agrupamentos têm **diferentes quantidades de elementos**, usamos o sinal $\neq$ (**diferente de**), assim: $2 \neq 4$.

Use os sinais $=$ (**igual a**) e $\neq$ (**diferente de**) para classificar a quantidade de elementos dos agrupamentos.

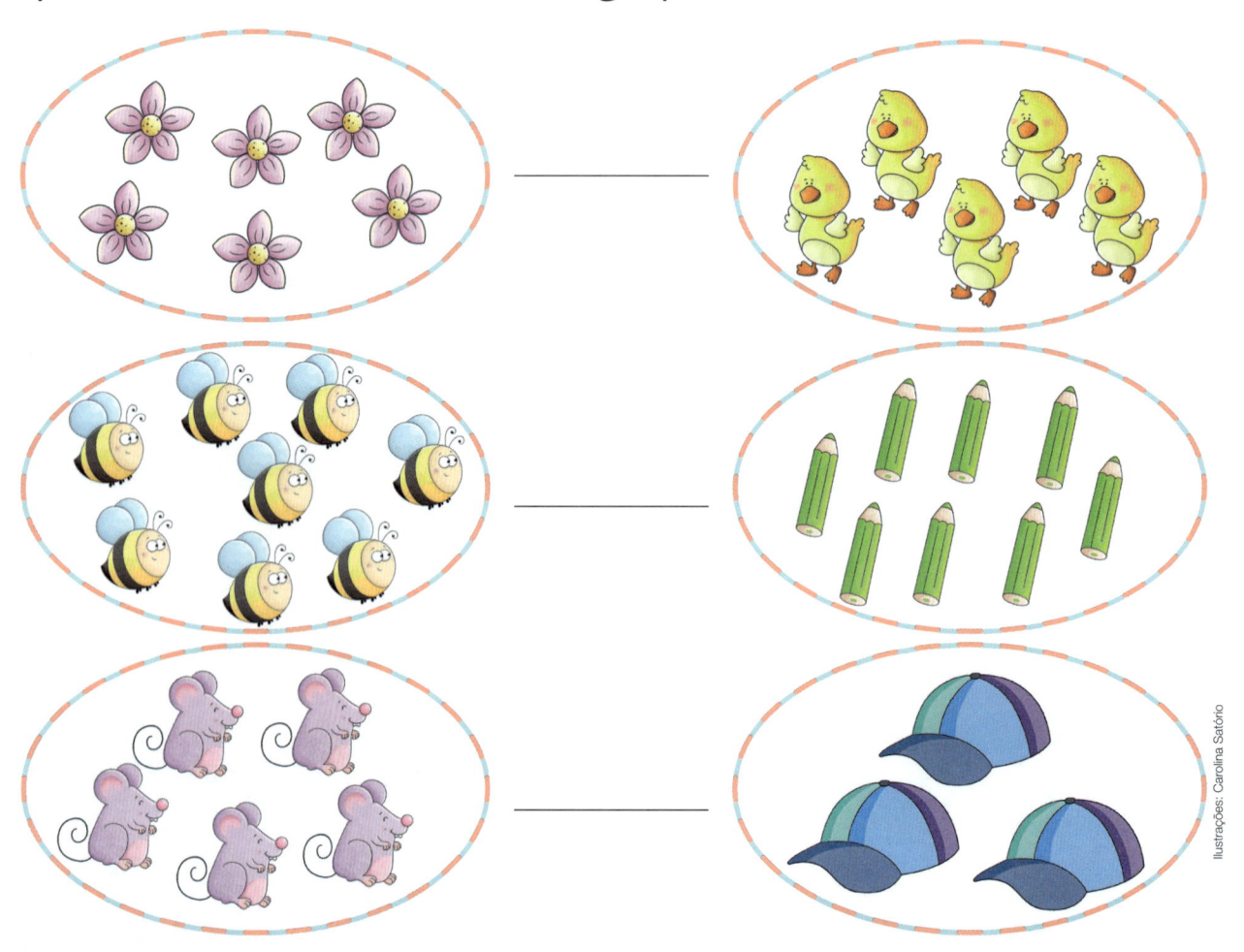

Observe a quantidade de elementos de cada agrupamento, compare-os e escreva os sinais de = ou ≠.

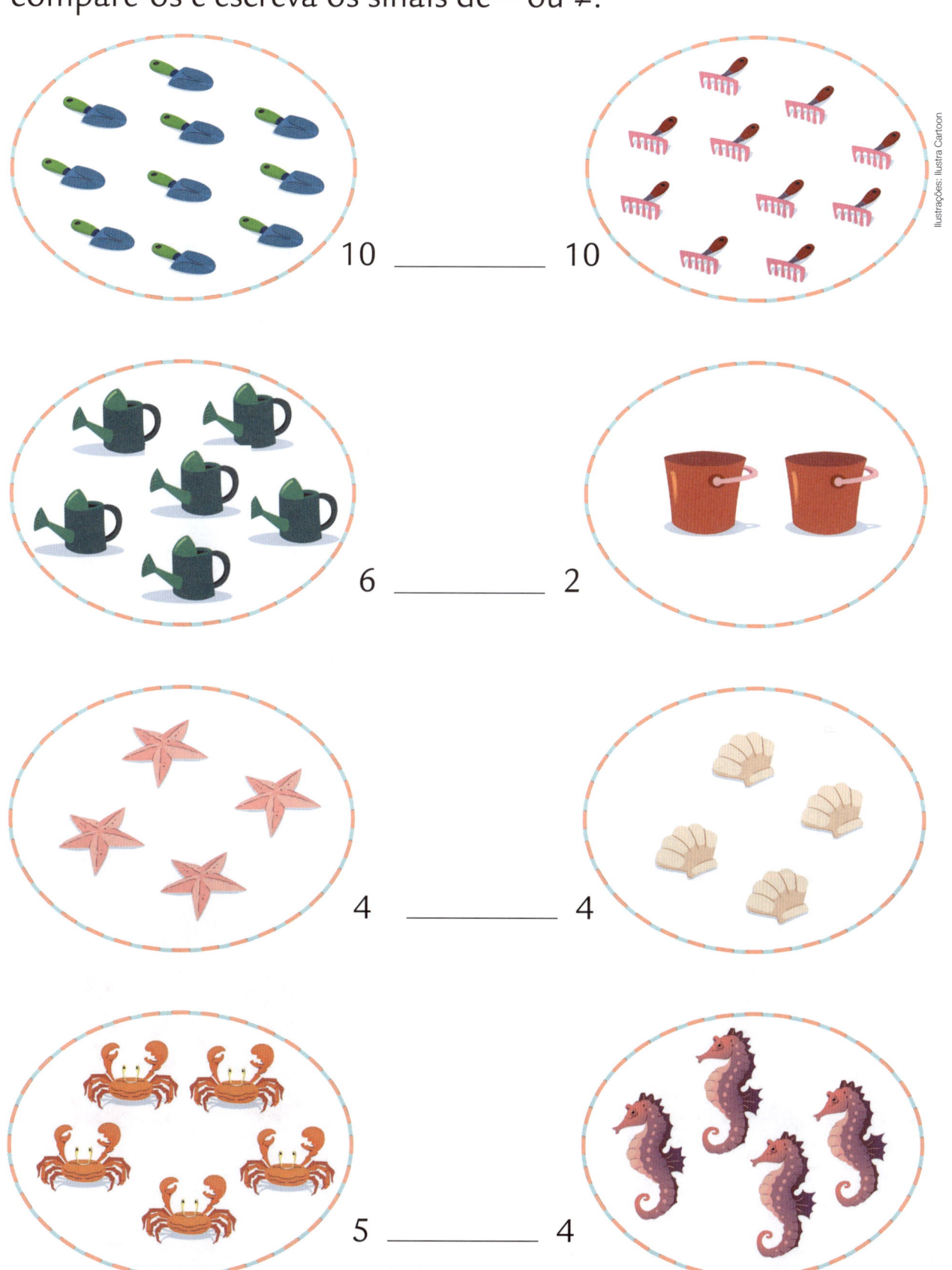

10 _____ 10

6 _____ 2

4 _____ 4

5 _____ 4

Comparação entre agrupamentos: > (maior que) e < (menor que)

Observe com atenção:

| 4 | 2 |

O agrupamento de cenouras tem mais elementos que o agrupamento de rabanetes; portanto, dizemos que o agrupamento de cenouras é **maior que** o de rabanetes. Para representar, usamos o sinal > **(maior que)**.

Exemplo:

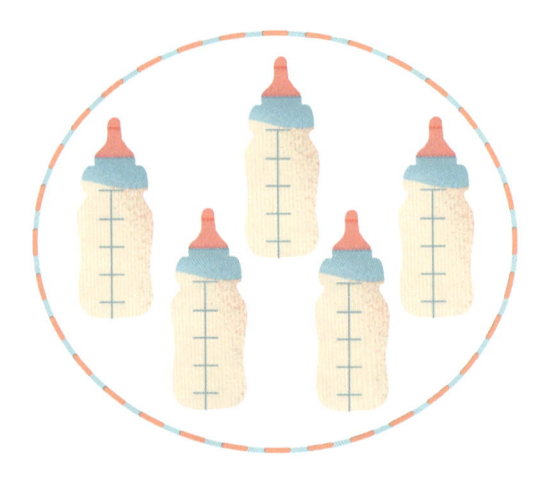

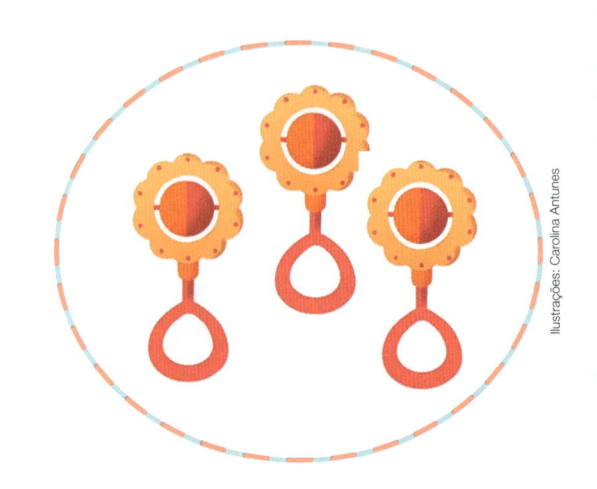

5 > 3

5 é maior que 3.

Agora, observe estes agrupamentos:

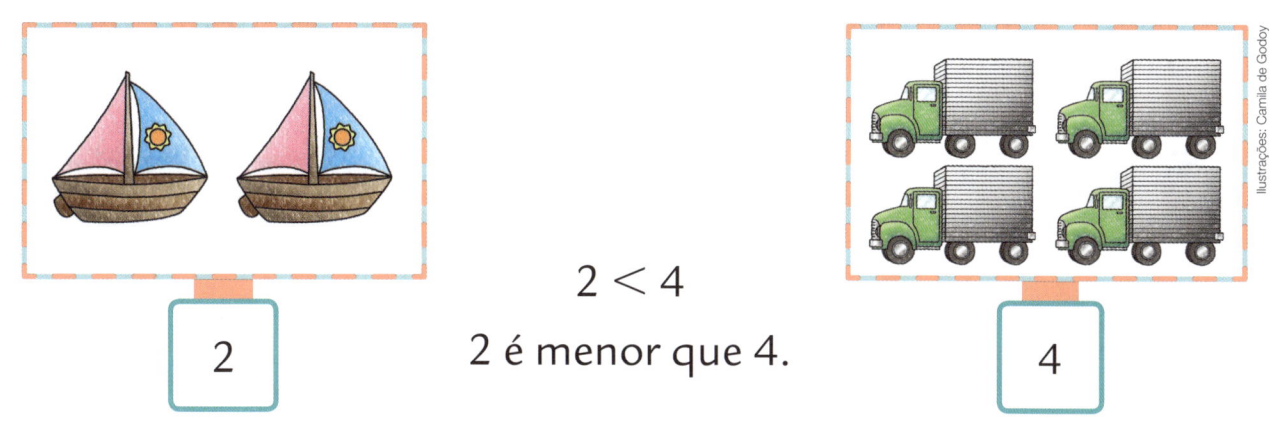

2

2 < 4

2 é menor que 4.

4

O agrupamento de barcos tem menos elementos que o agrupamento de caminhões; portanto, dizemos que o agrupamento de barcos é **menor que** o de caminhões. Para representar, usamos o sinal < **(menor que)**.

Conte os elementos, compare os agrupamentos e escreva os sinais > **(maior que)** e < **(menor que)**.

Observe a quantidade de elementos de cada agrupamento, compare-os e escreva os sinais > (**maior que**) e < (**menor que**).

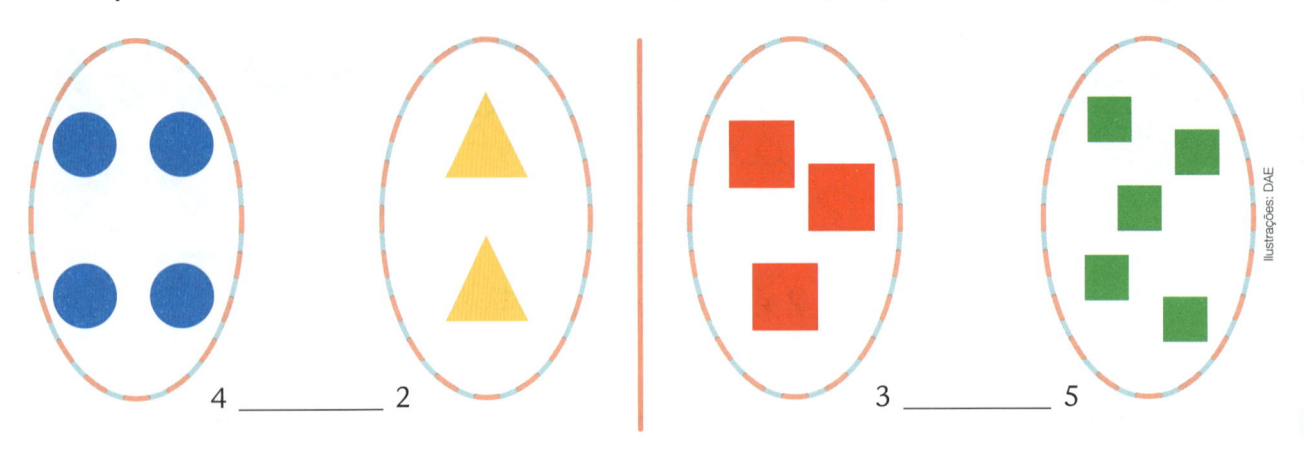

4 _____ 2

3 _____ 5

Continue colocando os sinais > (**maior que**), < (**menor que**) e = (**igual a**). Depois, pinte bem bonito.

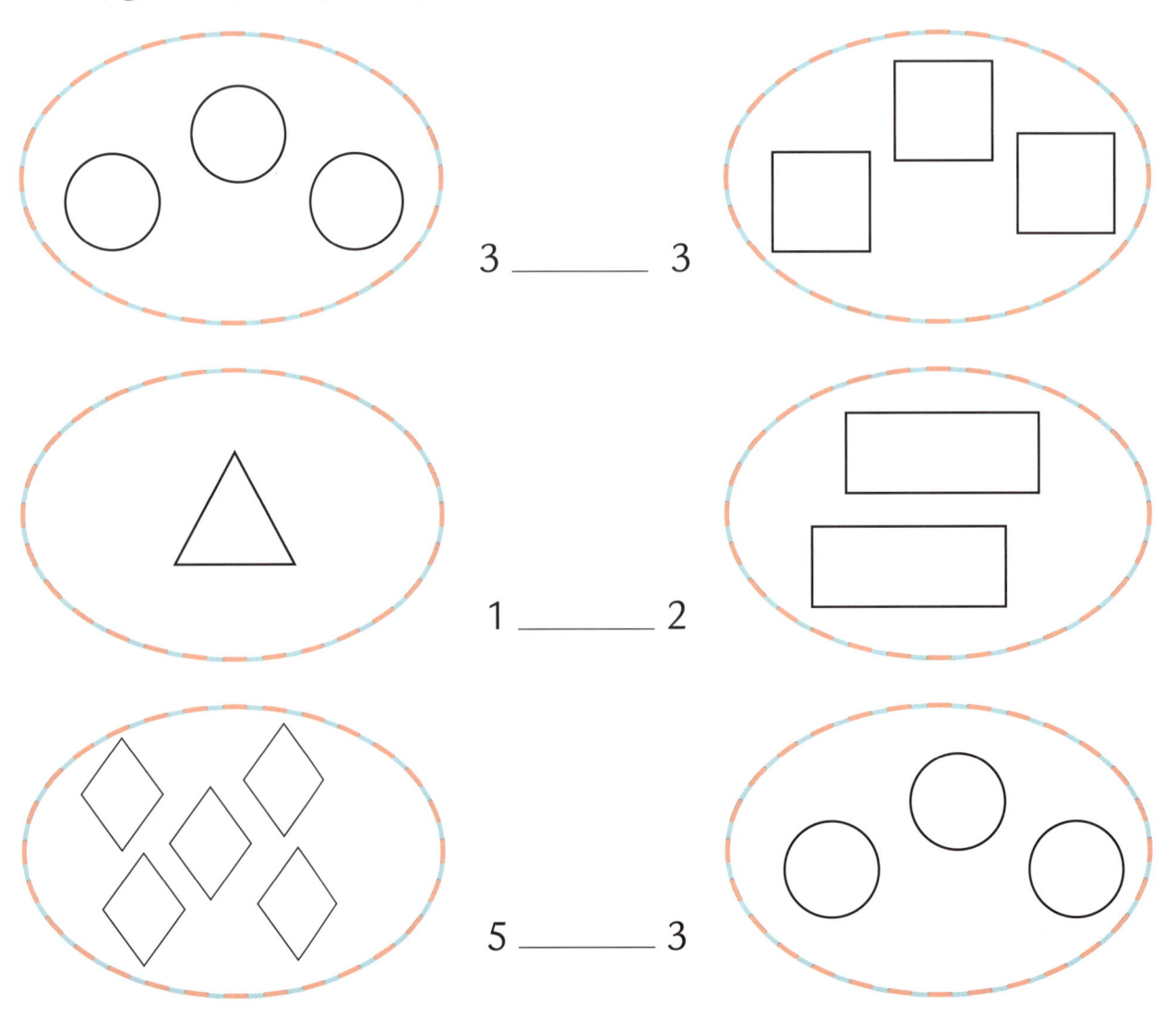

3 _____ 3

1 _____ 2

5 _____ 3

UNIDADE 4

Dezena e meia dezena

4 elementos

Esse agrupamento tem 4 elementos. Cada elemento do grupo recebe o nome de **unidade**.

Exemplos:

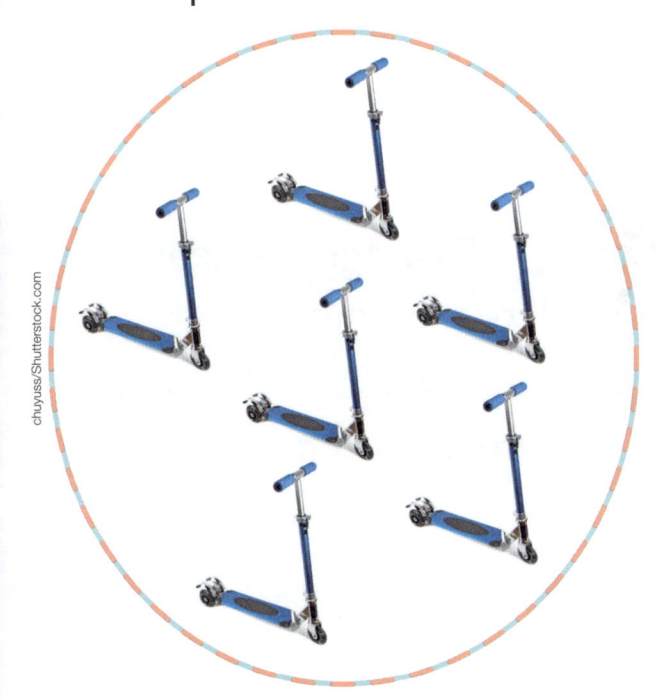

6 elementos
6 unidades

8 elementos
8 unidades

Agora, observe:

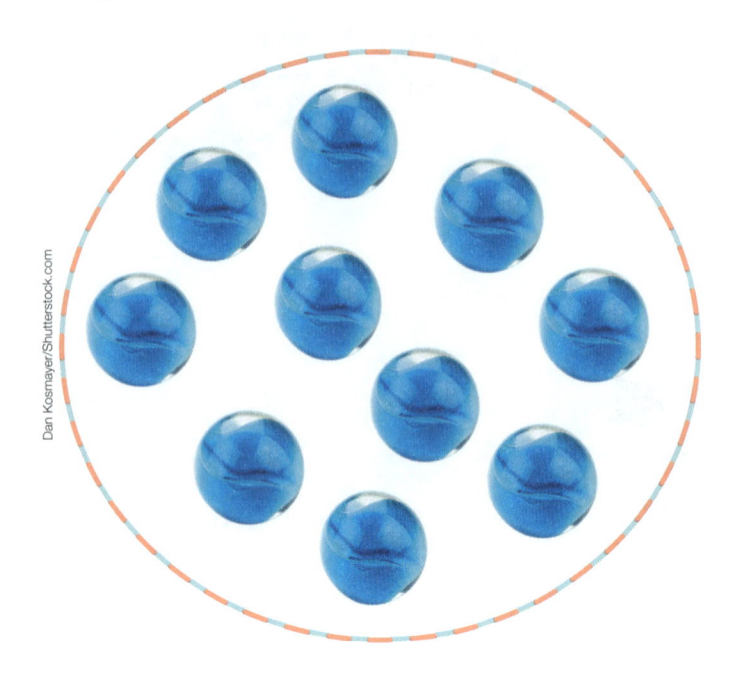

Esse agrupamento tem 10 unidades.

10 unidades formam **1 dezena**.

Um agrupamento com 10 unidades chama-se **dezena**.

Preste atenção:

Esse agrupamento tem 5 unidades.

5 unidades formam **meia dezena**.

Um agrupamento com 5 unidades chama-se **meia dezena**.

Pinte de 🔴 o agrupamento que tem uma **dezena** de elementos e de 🔵 os agrupamentos que têm **meia dezena** de elementos.

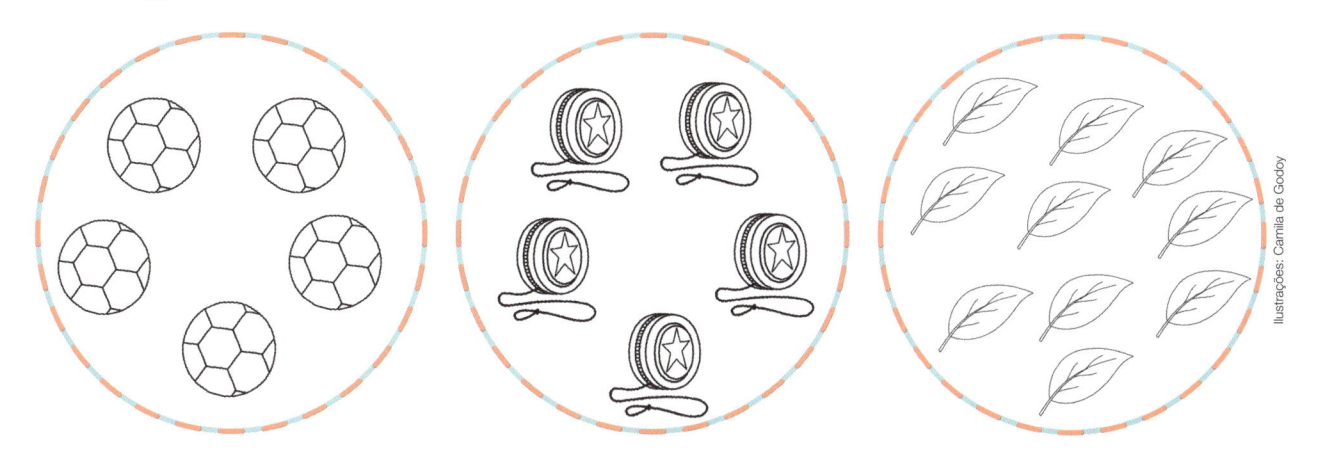

Desenhe um agrupamento com **uma dezena** de elementos.

Risque os elementos de cada agrupamento para que fiquem com **meia dezena**. Veja o modelo:

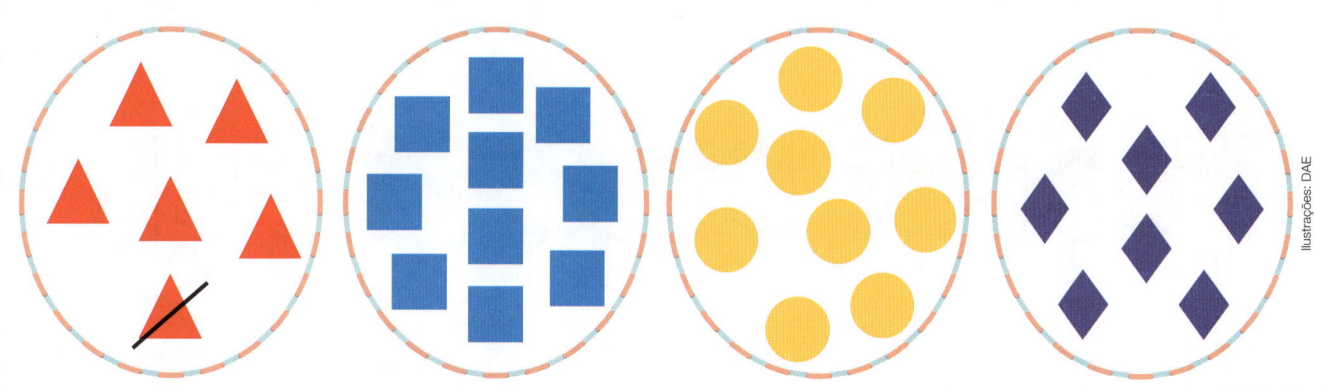

UNIDADE 5

Numerais de 11 a 50

Vamos recordar os numerais de 11 a 19? Conte os elementos e, depois, cubra o tracejado dos numerais.

10 + 1 = 11 onze

10 + 2 = 12 doze

10 + 3 = 13 treze

10 + 4 = 14 quatorze

10 + 5 = 15 quinze

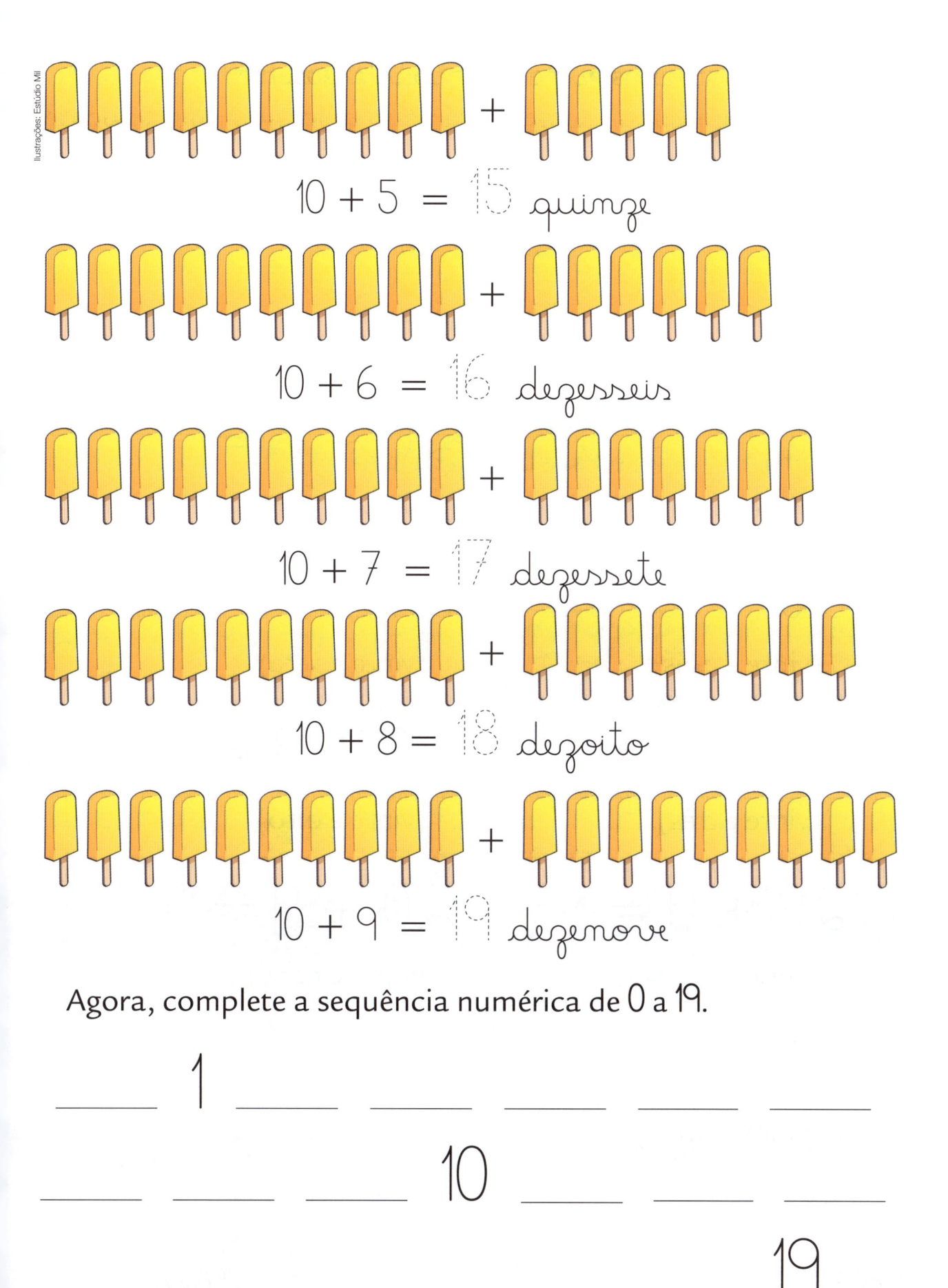

10 + 6 = 16 dezesseis

10 + 7 = 17 dezessete

10 + 8 = 18 dezoito

10 + 9 = 19 dezenove

Agora, complete a sequência numérica de 0 a 19.

___ 1 ___ ___ ___ ___ ___

___ ___ ___ 10 ___ ___ ___

___ ___ ___ ___ ___ 19

Vamos construir os números até o 50? Observe:

10 + 10 = 20 unidades ou 2 dezenas

Vinte

Cubra o tracejado dos numerais de 21 a 29.

20 + 1 = 21 (vinte e um)	20 + 6 = 26 (vinte e seis)
20 + 2 = 22 (vinte e dois)	20 + 7 = 27 (vinte e sete)
20 + 3 = 23 (vinte e três)	20 + 8 = 28 (vinte e oito)
20 + 4 = 24 (vinte e quatro)	20 + 9 = 29 (vinte e nove)
20 + 5 = 25 (vinte e cinco)	

Complete a sequência numérica.

20 ____ ____ ____ 24 ____ ____ ____ 28 ____

10 + 10 + 10 = 30 unidades ou 3 dezenas

Trinta

Cubra o tracejado dos numerais de 31 a 39.

30 + 1 = 31 (trinta e um)	30 + 6 = 36 (trinta e seis)
30 + 2 = 32 (trinta e dois)	30 + 7 = 37 (trinta e sete)
30 + 3 = 33 (trinta e três)	30 + 8 = 38 (trinta e oito)
30 + 4 = 34 (trinta e quatro)	30 + 9 = 39 (trinta e nove)
30 + 5 = 35 (trinta e cinco)	

Complete a sequência numérica.

30 _____ _____ _____ 34 _____ _____ _____ 38 _____

10 + 10 + 10 + 10 = 40 unidades ou 4 dezenas

Quarenta

Cubra o tracejado dos numerais de 41 a 49.

40 + 1 = 41	40 + 6 = 46
(quarenta e um)	(quarenta e seis)
40 + 2 = 42	40 + 7 = 47
(quarenta e dois)	(quarenta e sete)
40 + 3 = 43	40 + 8 = 48
(quarenta e três)	(quarenta e oito)
40 + 4 = 44	40 + 9 = 49
(quarenta e quatro)	(quarenta e nove)
40 + 5 = 45	
(quarenta e cinco)	

Complete a sequência numérica.

40 ___ ___ ___ 44 ___ ___ ___ 48 ___

10 + 10 + 10 + 10 + 10 = 50 unidades ou 5 dezenas

Cinquenta

Complete conforme o modelo.

1 dezena = 10 unidades

2 dezenas = _____ unidades

3 dezenas = _____ unidades

4 dezenas = _____ unidades

5 dezenas = _____ unidades

Junte os números e forme numerais de 11 a 50.

20 + 9 = ___	20 + 3 = ___	40 + 9 = ___
30 + 6 = ___	30 + 2 = ___	30 + 9 = ___
10 + 7 = ___	40 + 4 = ___	20 + 6 = ___
40 + 8 = ___	10 + 6 = ___	10 + 10 = ___
10 + 9 = ___	30 + 8 = ___	40 + 5 = ___

Complete os quadros com o número que vem antes e com o que vem depois do número indicado.

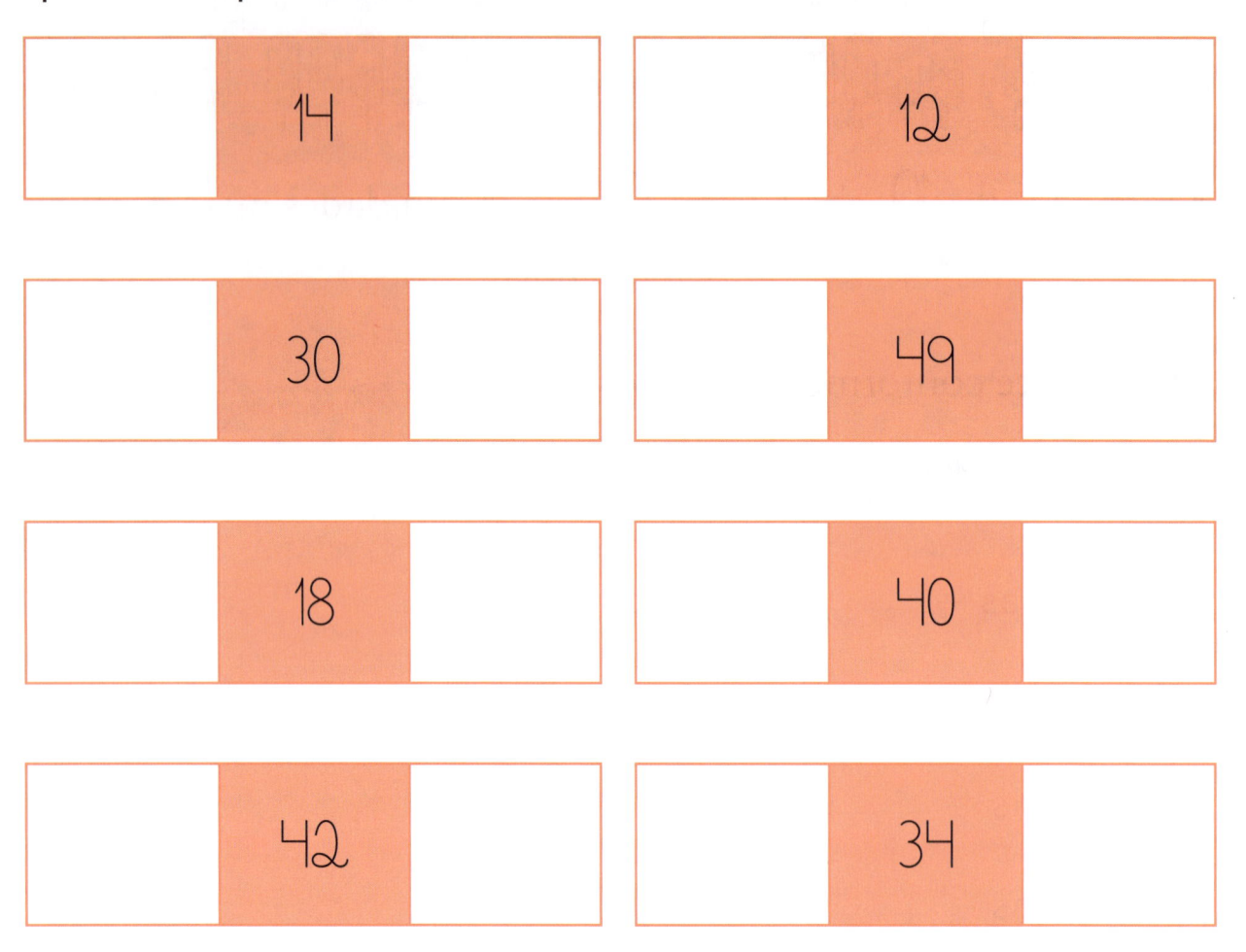

| 13 | **14** | 15 |

| 11 | **12** | 13 |

| 29 | **30** | 31 |

| 48 | **49** | 50 |

| 17 | **18** | 19 |

| 39 | **40** | 41 |

| 41 | **42** | 43 |

| 33 | **34** | 35 |

Complete o diagrama com os numerais de 1 até 50.

1	2	3	4	5	6	7	8	9	10
11	12	13	14	15	16	17	18	19	20
21	22	23	24	25	26	27	28	29	30
31	32	33	34	35	36	37	38	39	40
41	42	43	44	45	46	47	48	49	50

Agora que você já sabe contar até 50, ligue os pontos do sorvete antes que ele derreta. Depois, pinte-o e conte aos colegas qual é o seu sabor favorito.

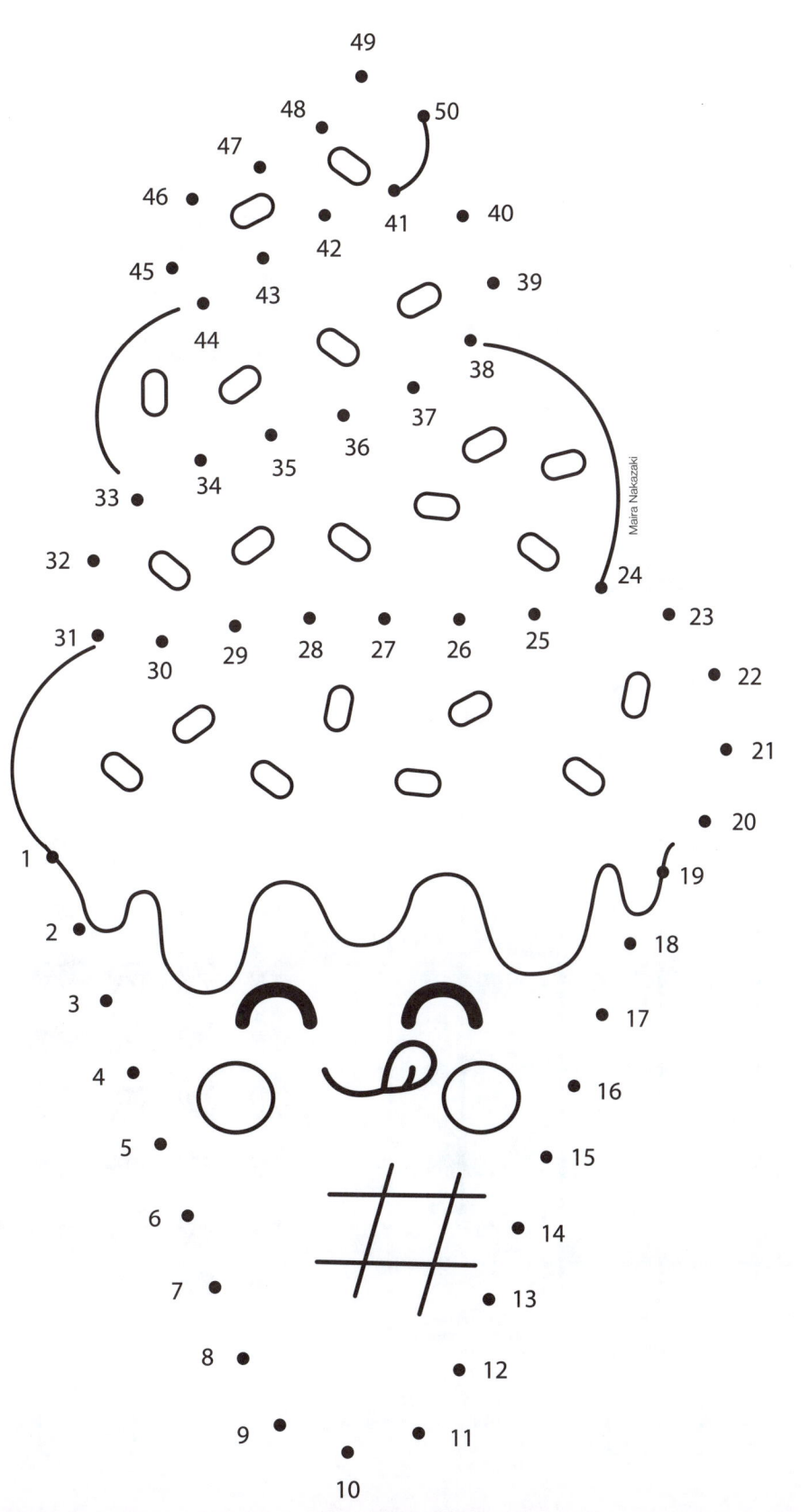

Conte os elementos de cada agrupamento e escreva o número que representa a quantidade de cada um deles.

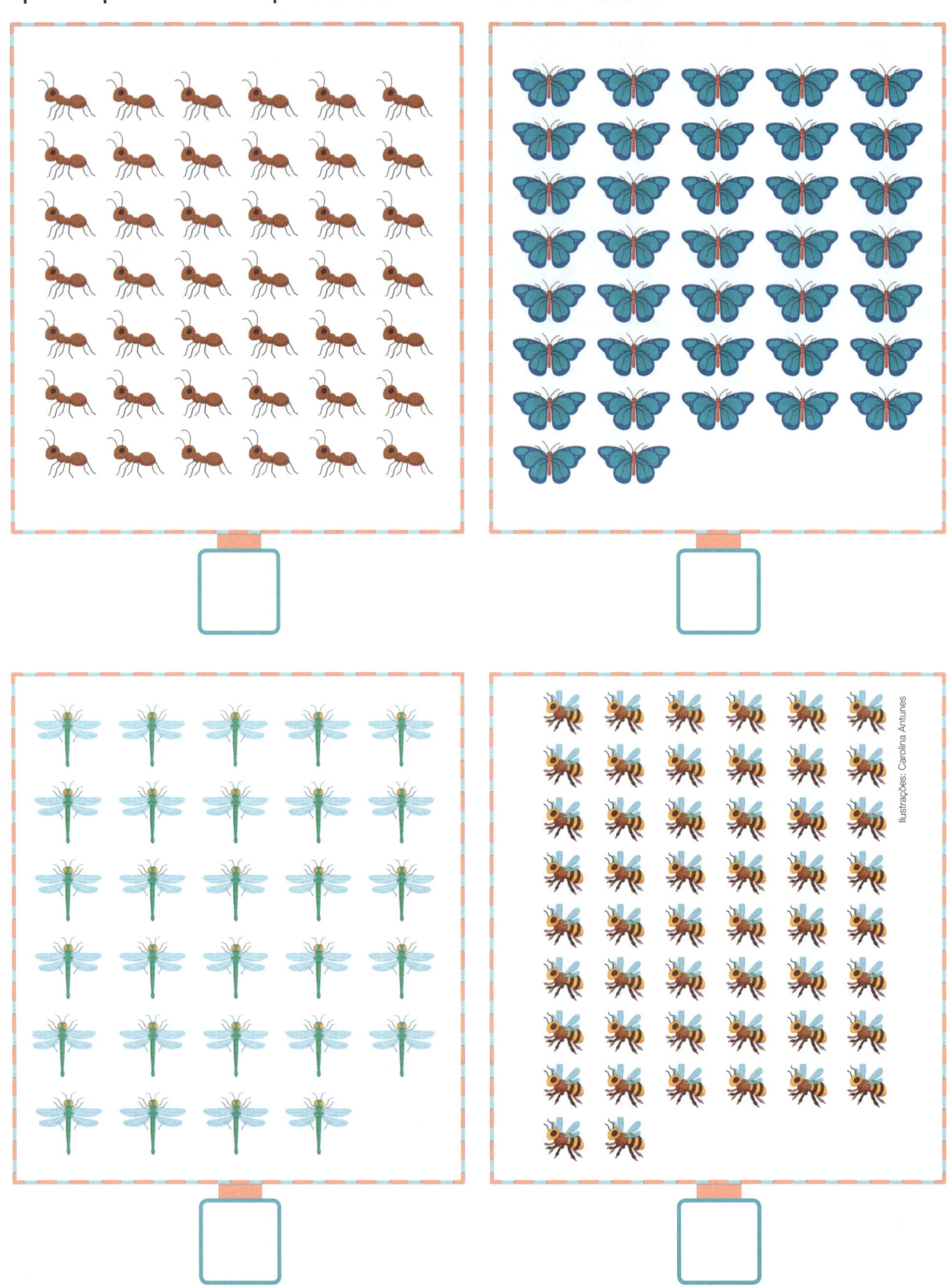

UNIDADE 6

Dúzia e meia dúzia

Observe.

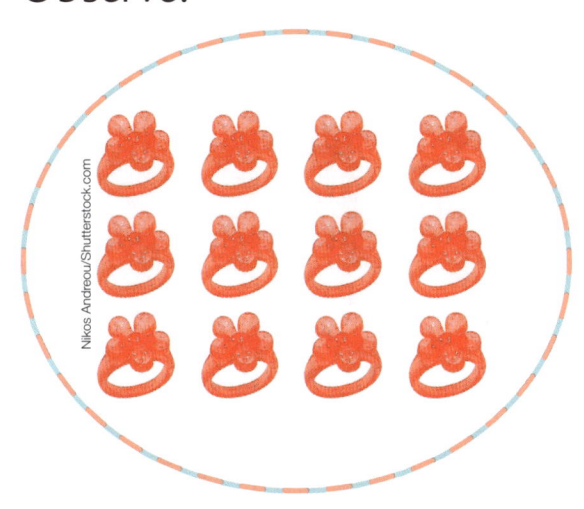

Este agrupamento tem 12 elementos.

Cada elemento representa uma unidade.

12 unidades formam uma **dúzia**.

Observe agora.

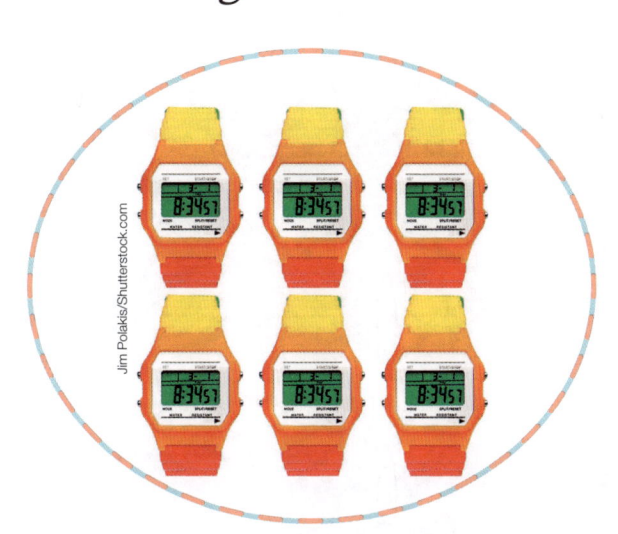

Este agrupamento tem 6 elementos, ou seja, 6 unidades.

6 unidades formam **meia dúzia**.

Pinte **meia dúzia** de elementos.

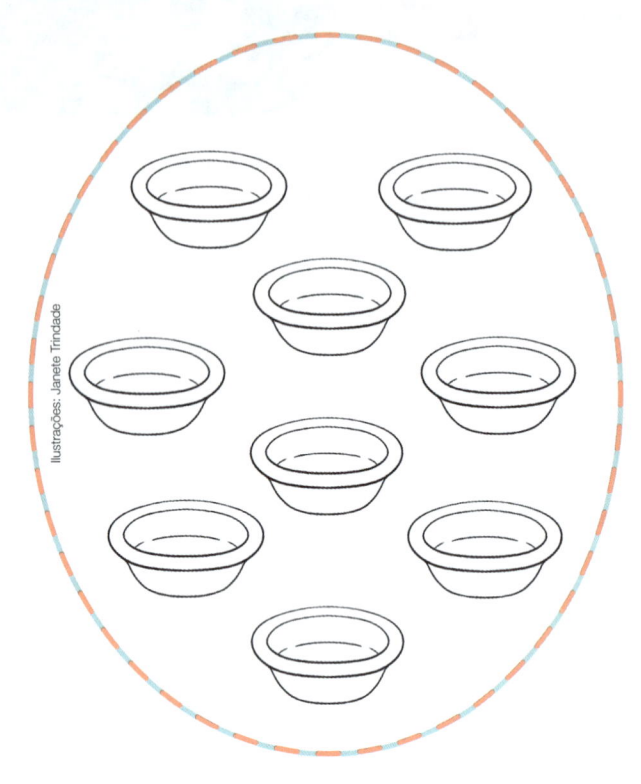

Pinte **uma dúzia** de elementos.

Complete os agrupamentos desenhando mais elementos para formar **uma dúzia**. Depois, pinte todos os elementos.

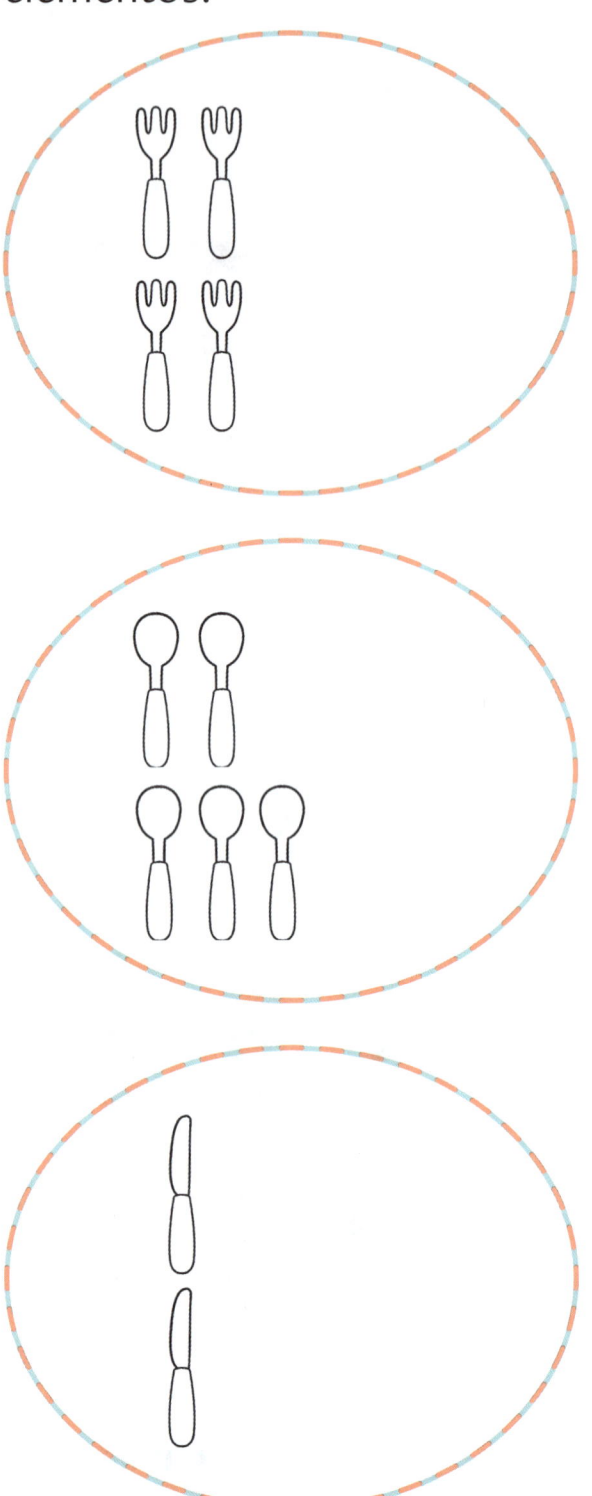

UNIDADE 7

Adição de números naturais

Quando **juntamos** unidades, fazemos uma **adição** ou **soma**.

Rebeca tinha 3 brinquedos.

Ganhou mais 2 brinquedos.

Com quantos brinquedos Rebeca ficou?

3 + 2 = 5

O sinal da **adição** é uma cruz (+), que se lê **mais**.

3 + 2 = 5

Três mais dois igual a cinco.

Conte os elementos, resolva a **adição** e circule a resposta correta. Observe o modelo.

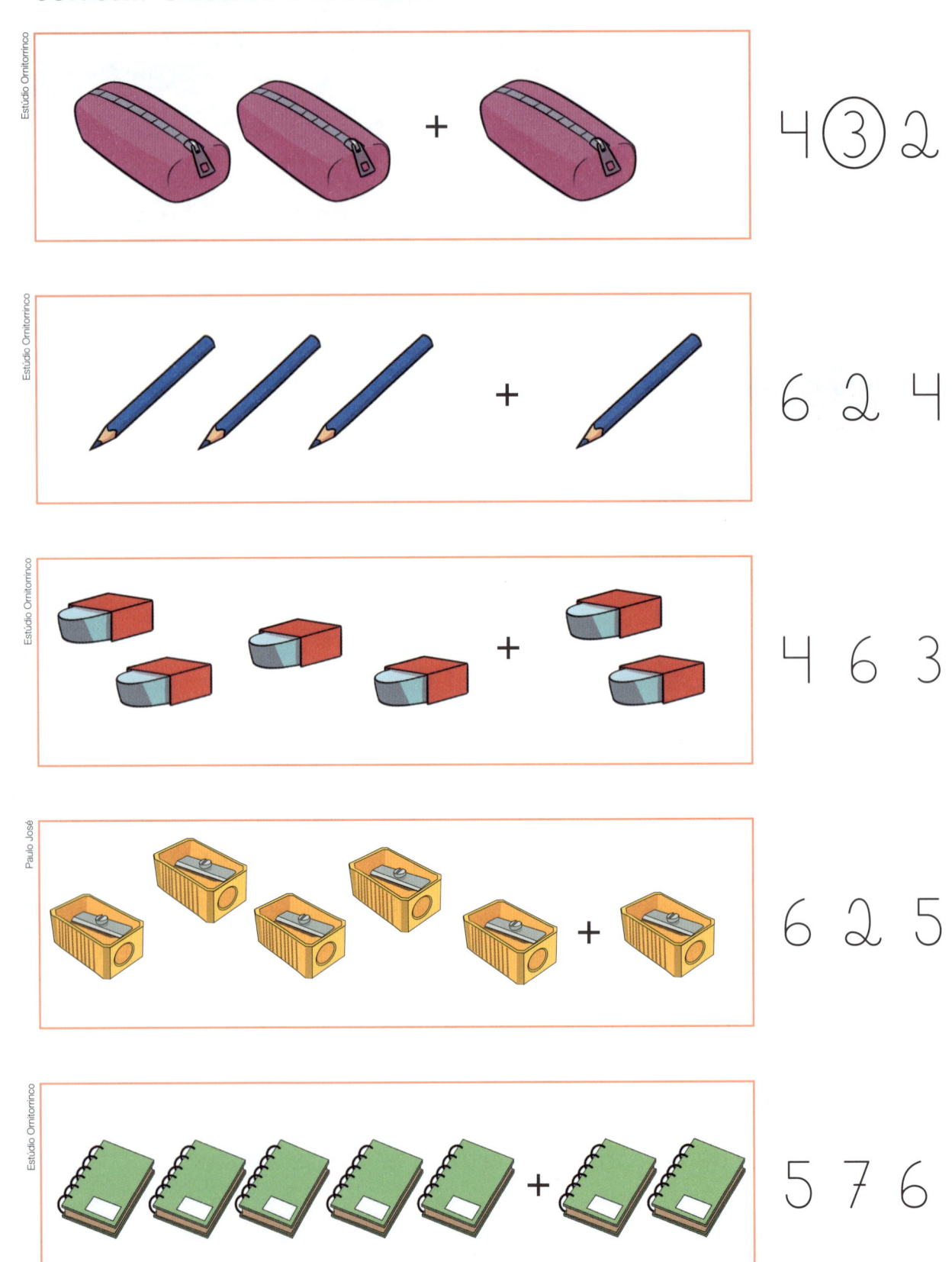

4 ③ 2

6 2 4

4 6 3

6 2 5

5 7 6

Conte os elementos, escreva as quantidades nos quadrinhos e resolva a **adição**. Observe o modelo.

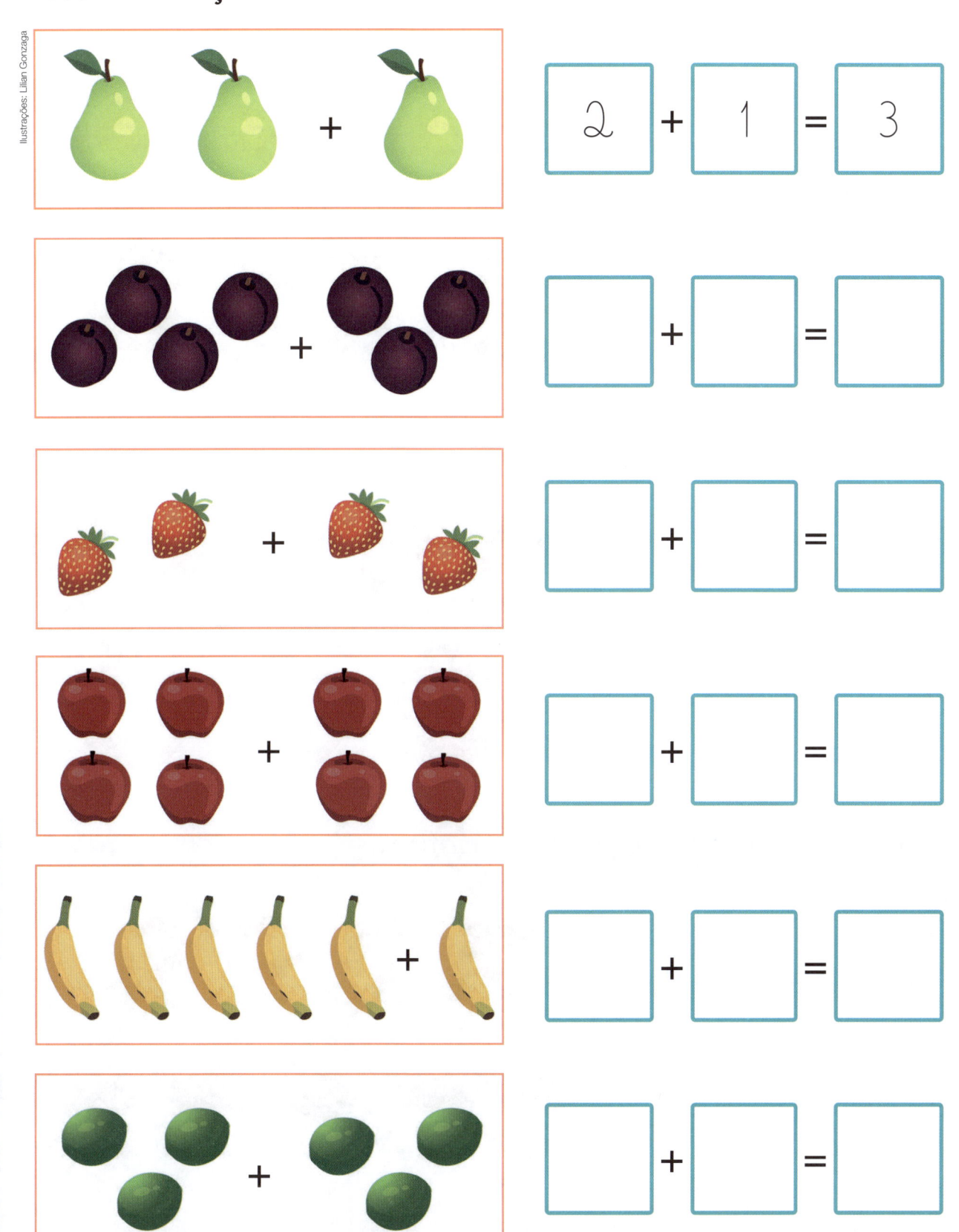

2 + 1 = 3

5 + 3 =

2 + 3 =

4 + 4 =

5 + 1 =

3 + 3 =

Situações-problema de adição

Ouça a leitura dos problemas, resolva as **adições** e complete as respostas.

- Na lagoa nadavam 3 patinhos.
Chegaram mais 3 patinhos.

Na lagoa ficaram _____ patinhos.

- Lúcia comprou 5 morangos, e Vera, sua irmã, comprou 3 maçãs.

As duas juntas compraram _____ frutas.

- Amélia colheu 4 flores vermelhas e ganhou 5 flores amarelas.

Amélia ficou com _____ flores.

- Mariana encontrou no armário 3 potes de massinha amarela e 2 potes de massinha verde.

No armário havia _____ potes de massinha.

- Para descobrir quantos anos Pedro tem, coloque 5 dedos na mão esquerda e 2 dedos na mão direita. Agora, conte.

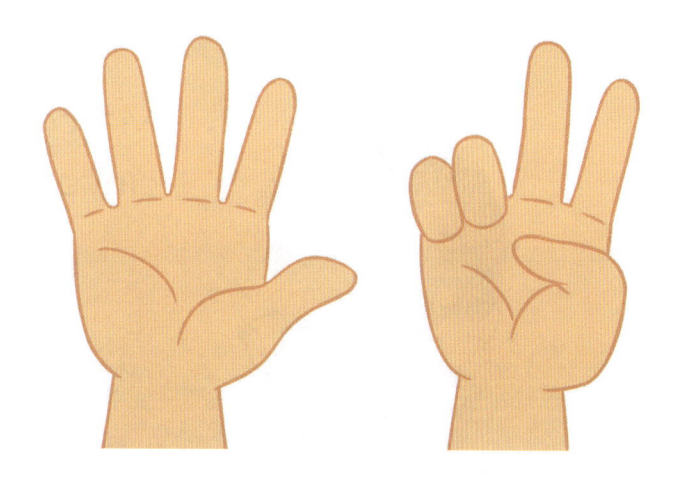

Pedro tem _____ anos.

- Para montar uma espada, Igor precisou de 5 peças azuis e 3 peças amarelas do bloco de montar.

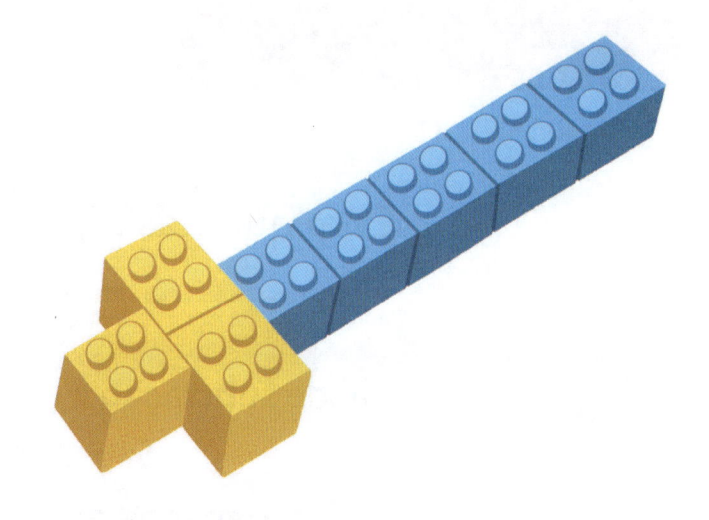

Igor usou _____ peças.

UNIDADE 8

Subtração de números naturais

Quando **diminuímos** ou **retiramos** unidades, fazemos uma **subtração**.

Marcos tinha cinco pipas.

Duas voaram.

Com quantas pipas Marcos ficou?

5 − 2 = 3

O sinal de **subtração** é (−), que se lê **menos**.
5 − 2 = 3
Cinco menos dois é igual a três.

Conte os elementos, pinte as quantidades indicadas ao lado das figuras e escreva quantos elementos restam.

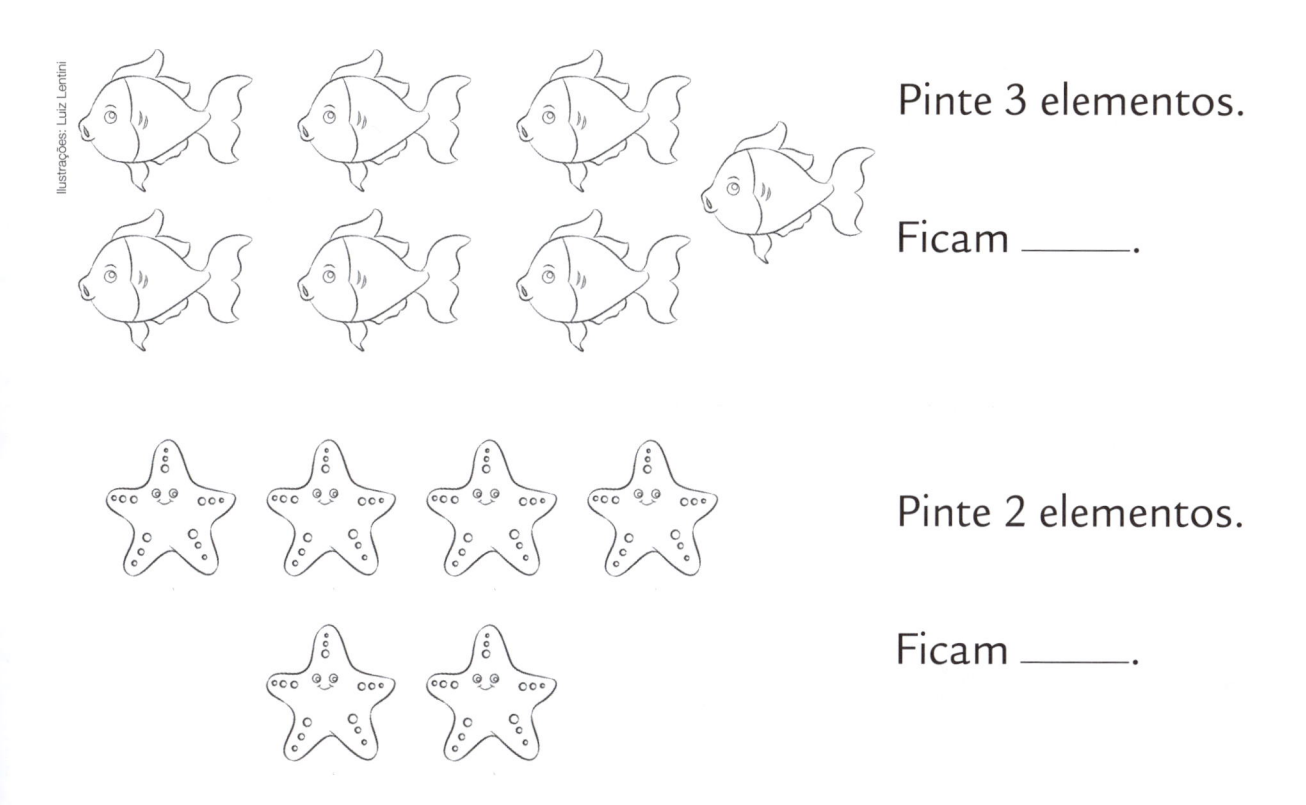

Pinte 3 elementos.

Ficam _____.

Pinte 2 elementos.

Ficam _____.

Conte os elementos e risque as quantidades indicadas ao lado das figuras. Depois, resolva as **subtrações** e escreva os números que as representam.

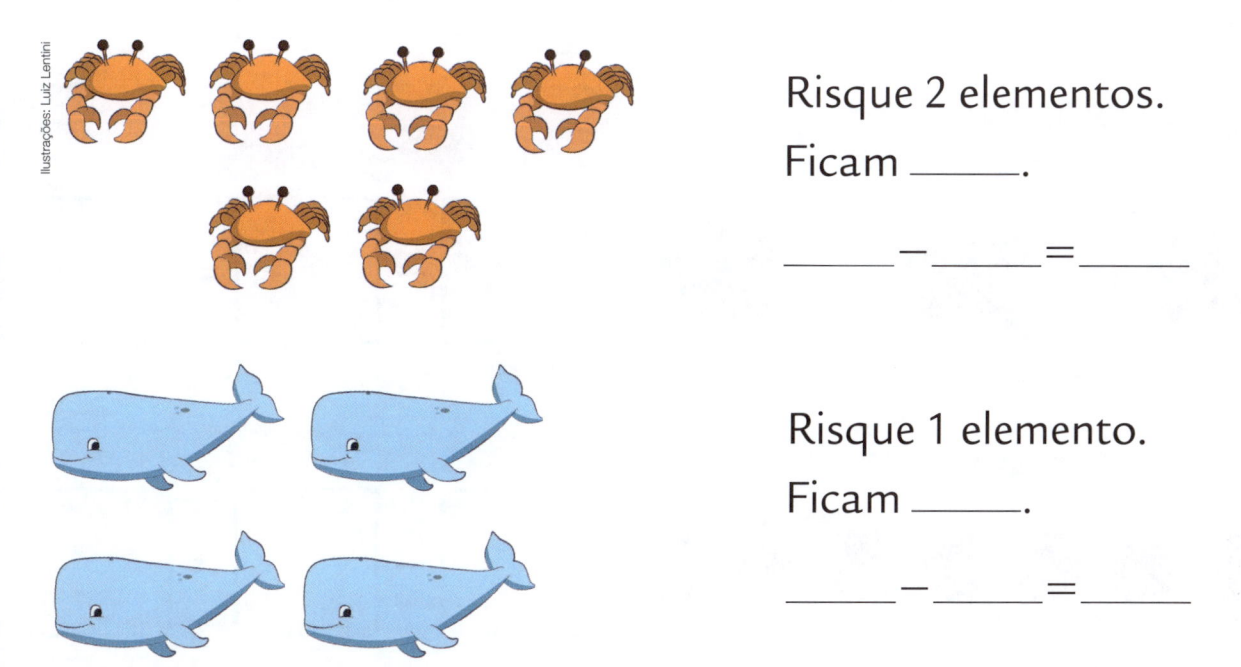

Risque 2 elementos.
Ficam _____.

_____ – _____ = _____

Risque 1 elemento.
Ficam _____.

_____ – _____ = _____

Conte os elementos, resolva as subtrações e escreva as quantidades nos quadrinhos. Observe o modelo.

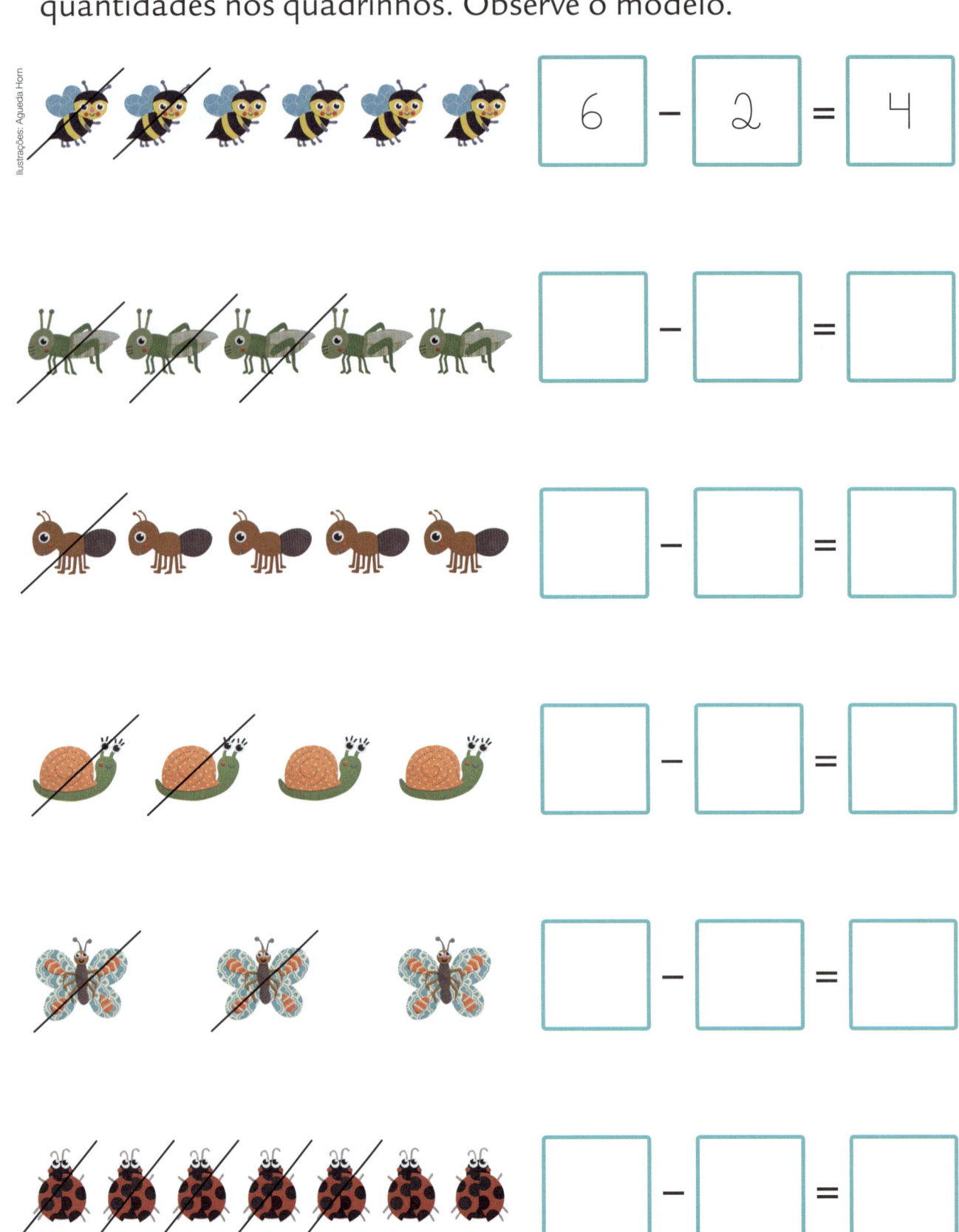

| 6 | − | 2 | = | 4 |

Situações-problema de subtração

Ouça a leitura dos problemas, resolva as **subtrações** e complete as respostas.

- Marisa tinha 7 laranjas e comeu 2 laranjas.

   Quantas laranjas restaram?

   Restaram _____ laranjas.

- No jarro havia 8 flores. Três flores murcharam.

   Quantas flores ficaram no jarro?

   No jarro ficaram _____ flores.

- Maria ganhou 10 bandeirinhas. Deu 5 à sua irmã.

   Com quantas bandeirinhas Maria ficou?

   Maria ficou com _____ bandeirinhas.

- Na prateleira da biblioteca havia 9 livros. Foram retirados 3 livros para leitura. Quantos livros ficaram na prateleira?

  Ficaram _____ livros.

- Na festa de Caio havia 10 balões. Estouraram 4 balões. Quantos balões ficaram?

  Ficaram _____ balões.

- Ganhei uma bandeja com 9 brigadeiros e comi 1. Quantos brigadeiros ficaram na bandeja?

  Ficaram _____ brigadeiros.

UNIDADE 9

Números pares e números ímpares

Quando juntamos elementos de 2 em 2 e não há sobra, temos uma quantidade **par**. Veja os exemplos.

2 tênis
1 par

2 brincos
1 par

2 bonecas
1 par

Os números terminados em **0**, **2**, **4**, **6** e **8** são **pares**.

Desenhe um **par** de flores no quadro abaixo.

Agora, observe as 5 peças de roupa a seguir.

Quando juntamos elementos de 2 em 2 e sobra 1 elemento, temos uma quantidade **ímpar**.

1 par   1 par   Sobrou 1

Os números terminados em **1**, **3**, **5**, **7** e **9** são **ímpares**.

Desenhe no quadro abaixo elementos para representar uma quantidade **ímpar**.

Circule os objetos que usamos em **pares**.

Pinte os números **pares** de 🟡 e os **ímpares** de 🔵.

2	5	10	17	6
3	9	8	14	22
25	12	11	30	26
37	32	49	23	18

Circule os objetos abaixo formando pares. Siga o modelo.

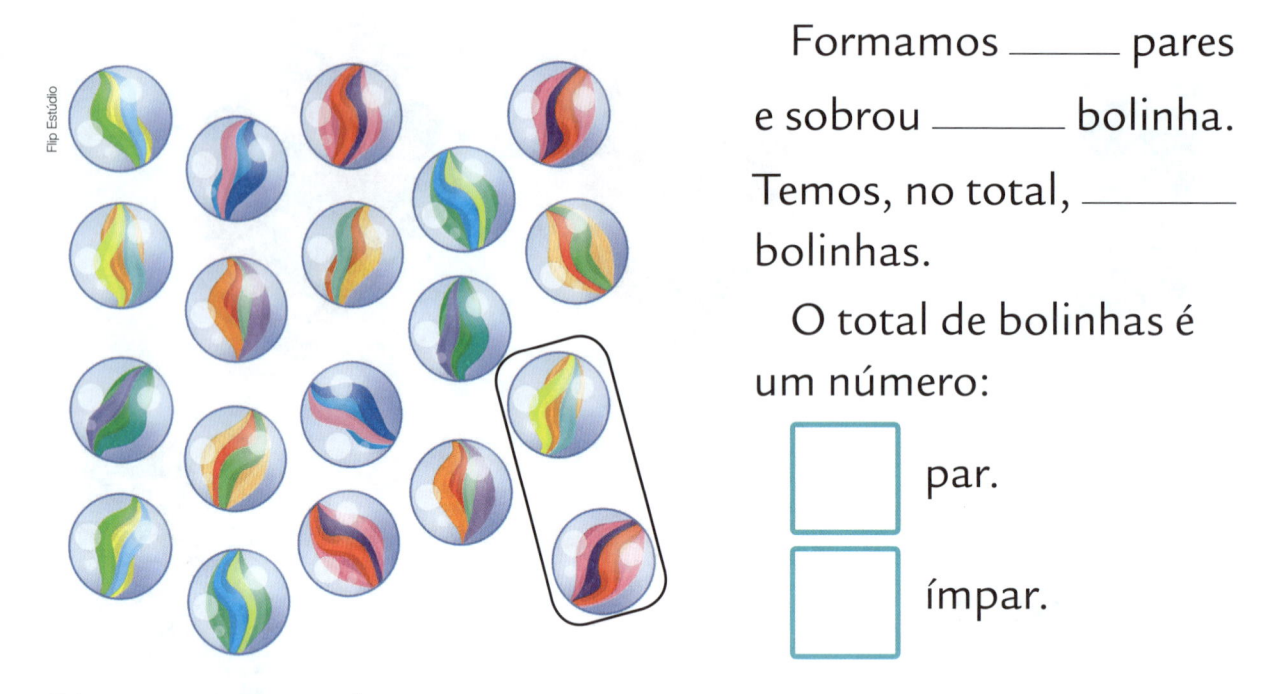

Formamos _____ pares e sobrou _____ bolinha.

Temos, no total, _____ bolinhas.

O total de bolinhas é um número:

☐ par.

☐ ímpar.

Pinte as partes do corpo que temos em pares.

UNIDADE 10

Números ordinais

Os números ordinais são aqueles que indicam a **ordem**, a **posição** ou o **lugar** de um elemento em um conjunto.

Esses números são escritos seguidos do símbolo º ou ª.

Observe em que posição cada criança chegou na corrida e complete o pódio.

Escreva o numeral que corresponde aos **números ordinais**.

_____ primeiro   _____ sexto

_____ segundo   _____ sétimo

_____ terceiro   _____ oitavo

_____ quarto   _____ nono

_____ quinto   _____ décimo

Pinte a figura que corresponde à posição (**ordem**) indicada nos quadrinhos.

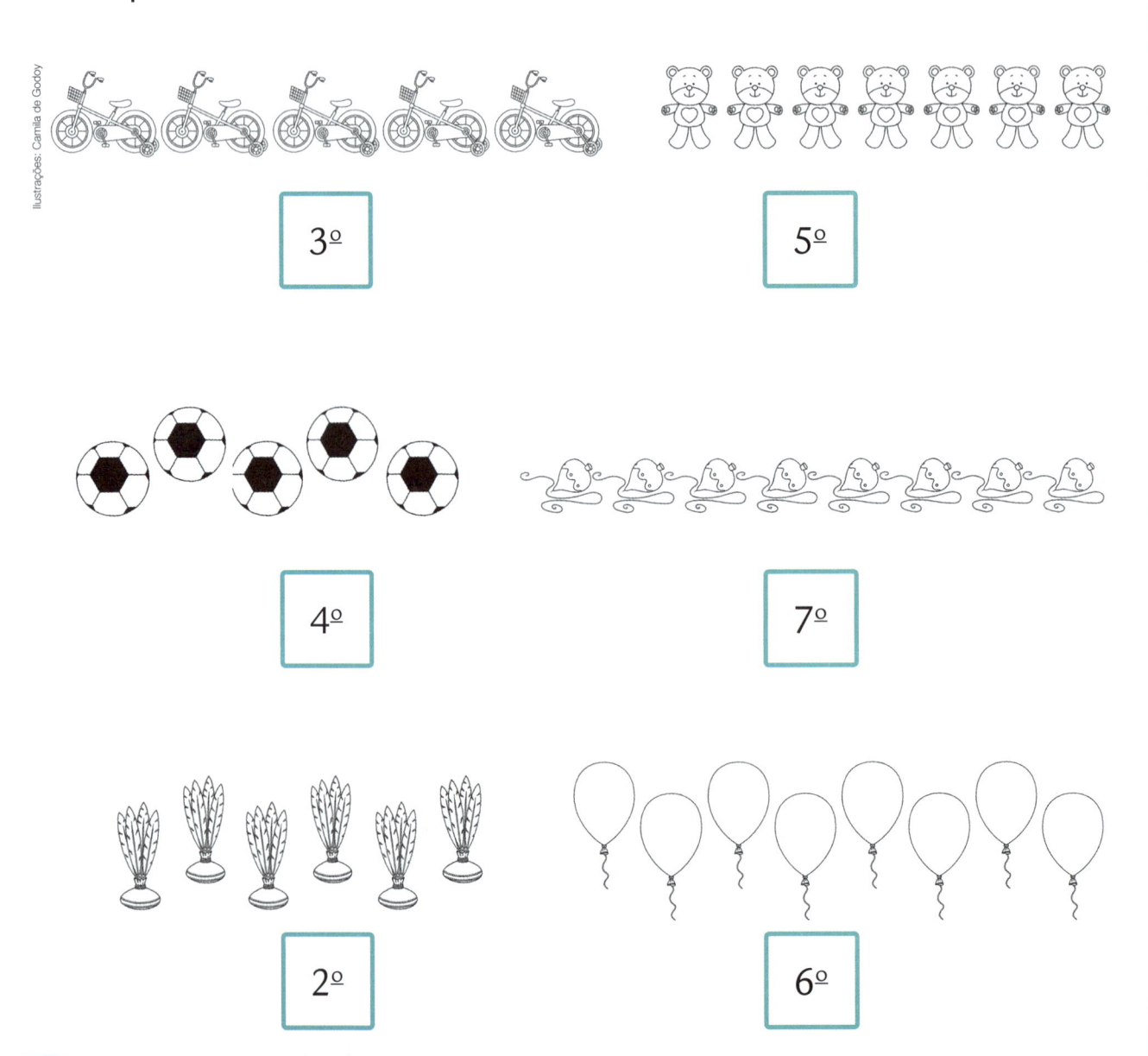

3º

5º

4º

7º

2º

6º

A professora organizou as crianças em fila. Carlos é o primeiro (1º) da fila. Observe:

1º

Escreva o numeral que corresponde à posição das outras crianças.

Laís	
Lucas	
Alice	
Iago	
Davi	
Bruna	
Fábio	

Agora, faça um / na criança que está na **4ª posição** e circule a criança que está na **8ª posição**.

UNIDADE 11

Numeração romana

Os romanos usavam letras do alfabeto para indicar os números.

Observe os números de 1 a 10.

I = 1   V = 5   IX = 9
II = 2   VI = 6   X = 10
III = 3   VII = 7
IV = 4   VIII = 8

Observe abaixo os números romanos e escreva os algarismos correspondentes a eles.

III = _____   VIII = _____   IV = _____

V = _____   X = _____   IX = _____

II = _____   VI = _____   VII = _____

Conte os objetos e escreva o numeral romano que corresponde à quantidade de cada um deles.

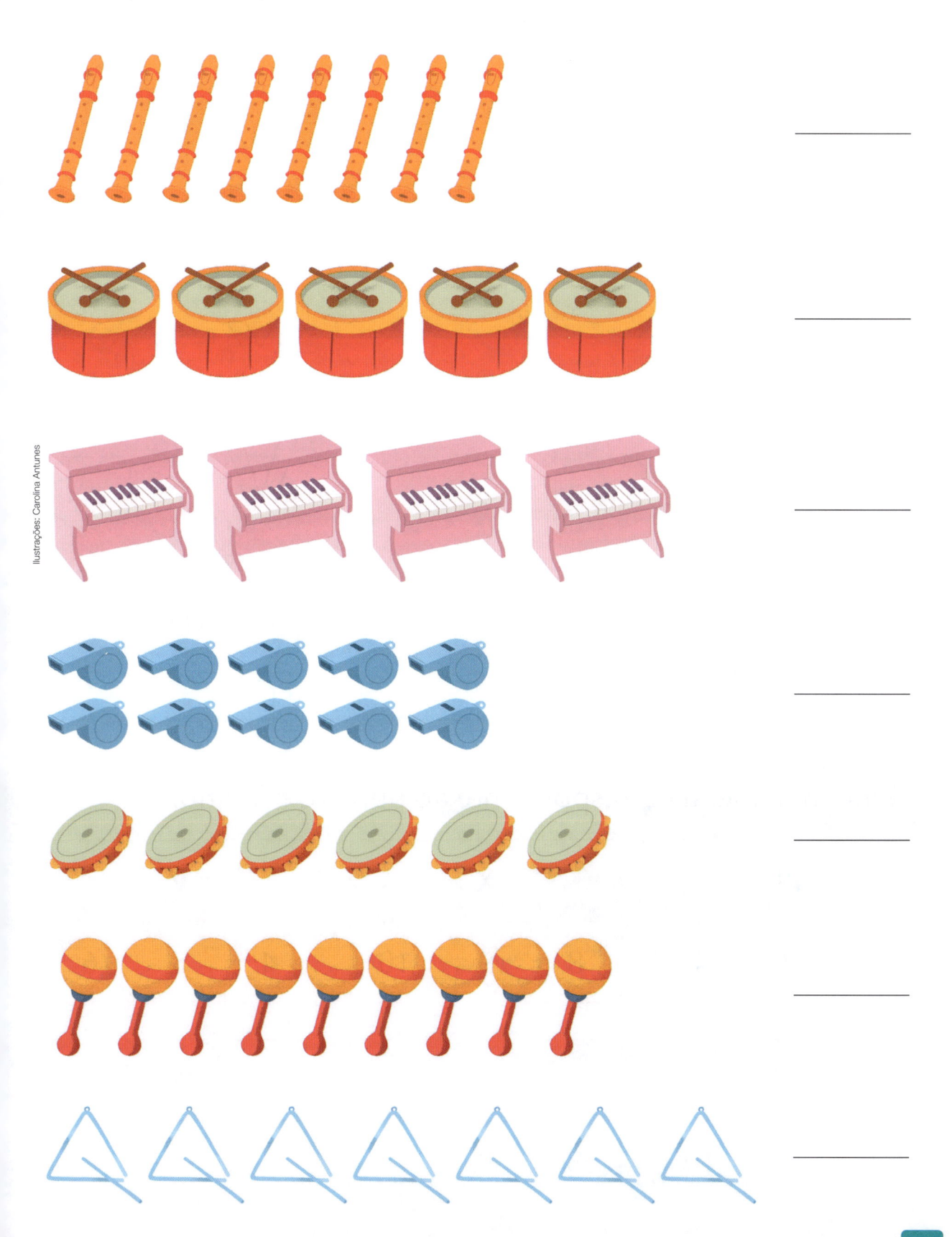

_____

_____

_____

_____

_____

_____

_____

Pinte da mesma cor os números correspondentes.

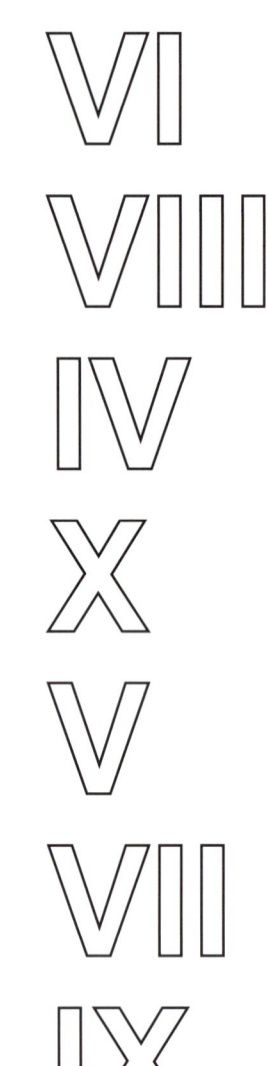

10   VI

9   VIII

8   IV

7   X

6   V

5   VII

4   IX

Pinte o numeral correspondente ao número romano.

III		
3	2	4

X		
8	9	10

V		
4	5	6

IX		
8	9	10

VIII		
8	9	10

IV		
4	5	6

UNIDADE 12

Nosso dinheiro

O dinheiro usado no nosso país é o **real**.

O símbolo do real é **R$**.

Nosso dinheiro se apresenta sob as formas de **moedas** e **cédulas**. Observe-as a seguir.

1 centavo

5 centavos

10 centavos

25 centavos

50 centavos

1 real

2 reais

5 reais

10 reais

20 reais

50 reais

100 reais

200 reais

Pinte com a cor de cada cédula o valor correspondente.
Depois, ligue as cédulas aos valores correspondentes.

R$ 2,00

R$ 10,00

R$ 20,00

R$ 5,00

Ligue os agrupamentos de moedas correspondentes às cédulas.

UNIDADE 13

Medidas

Medidas de tempo: o relógio

Usamos o relógio para medir o **tempo**. No relógio, o tempo é medido em horas, minutos e segundos.

12 horas e 34 minutos.

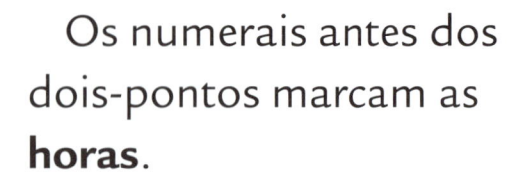

5 horas.

Os numerais antes dos dois-pontos marcam as **horas**.

Os numerais depois dos dois-pontos marcam os **minutos**.

Os numerais menores marcam os **segundos**.

O **ponteiro menor** marca as **horas**.

O **ponteiro maior** marca os **minutos**.

O **ponteiro mais fino** marca os **segundos**.

Para marcar as **horas exatas**, o ponteiro maior deve apontar o numeral 12.

Que horas são? Escreva as horas que os relógios estão marcando.

_____   _____

_____   _____

_____   _____

Com a ajuda do professor, marque no relógio:

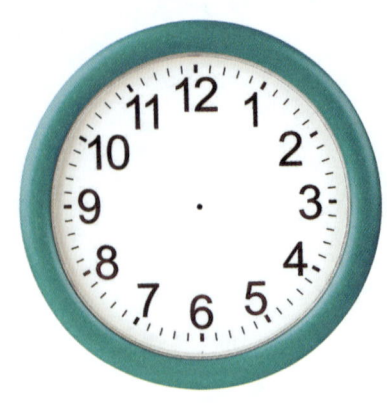

- a hora em que você vai dormir.
- a hora em que você acorda.
- a hora em que você vai para a escola.

Ligue as horas ao despertador correspondente.

5 horas

10 horas

Medidas de comprimento: o metro

Para medir o comprimento de tecidos, fitas, ruas, pessoas etc. usamos o **metro**.

O **metro** é a unidade de medida de comprimento.

Veja alguns instrumentos utilizados para medir o comprimento.

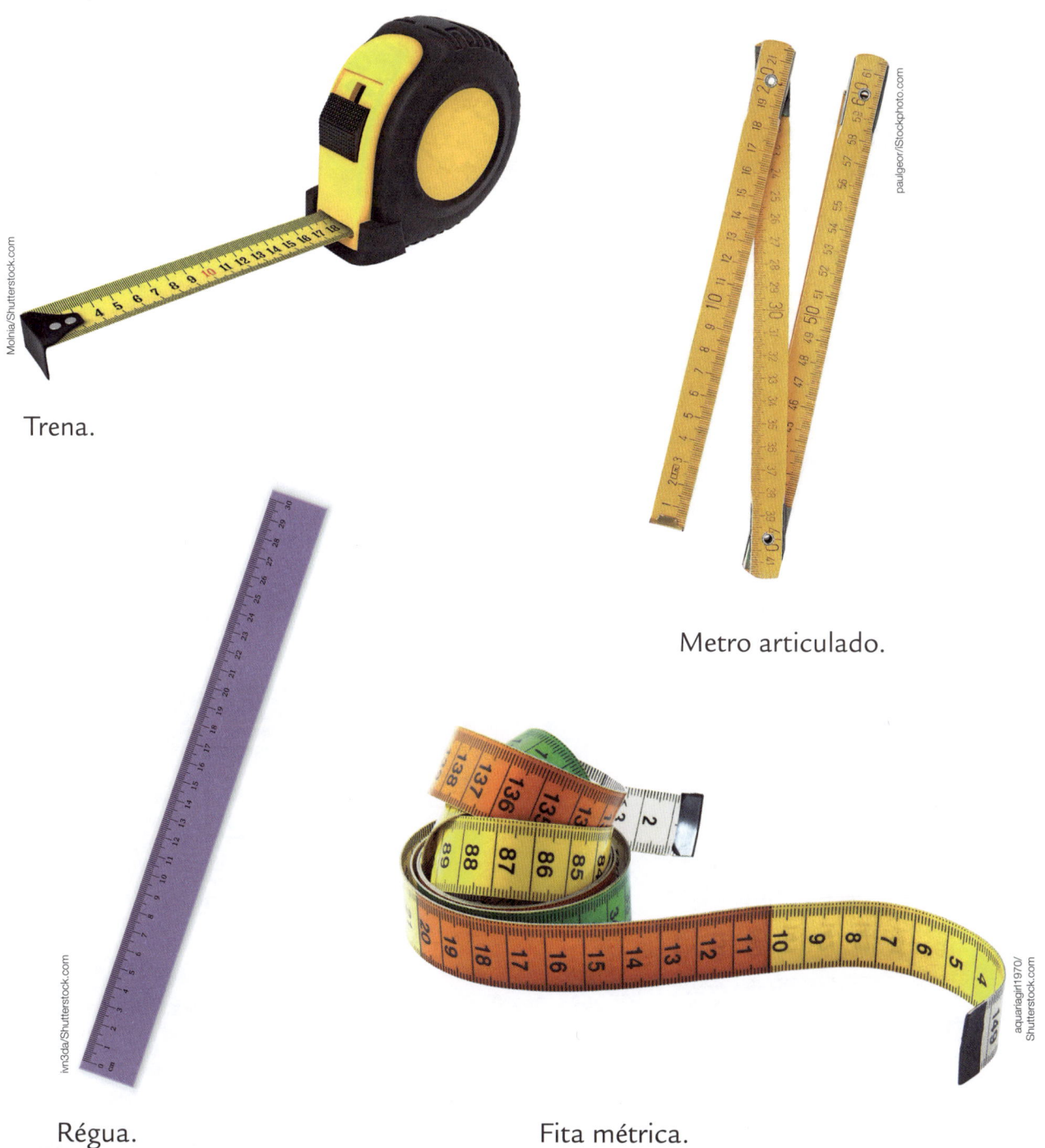

Trena.

Metro articulado.

Régua.

Fita métrica.

Pinte somente os itens que compramos por **metro**.

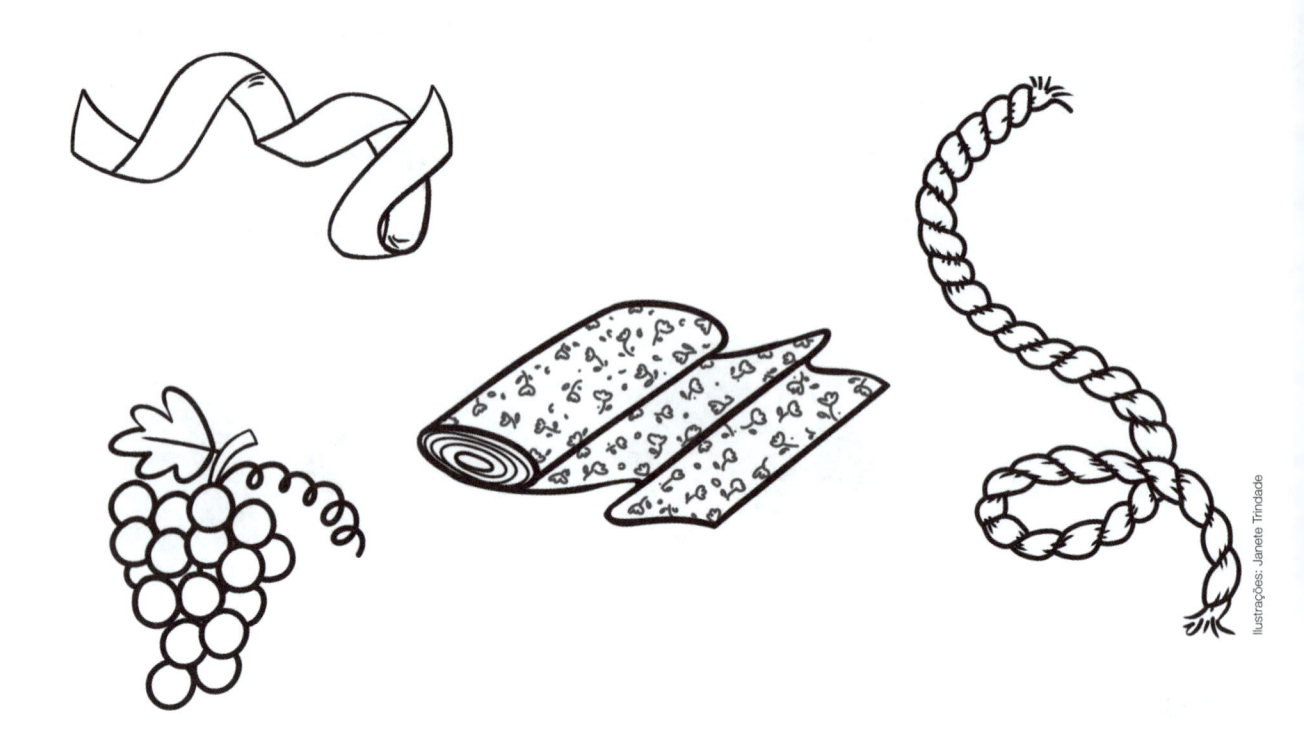

Marque com um **X** o que compramos em metros.

fio ☐ tomate ☐

feijão ☐ arame ☐

corda ☐ renda ☐

leite ☐ carne ☐

barbante ☐ água ☐

Recorte de revistas ou jornais figuras de coisas que compramos por **metro** e cole aqui.

Medidas de capacidade: o litro

Para medir a quantidade de leite, água, gasolina, óleo etc. usamos o **litro**.

O **litro** é uma unidade usada para medir a capacidade de um recipiente.

Veja alguns instrumentos utilizados para medir o litro.

Jarra milimetrada.

Balde milimetrado.

Circule o nome dos elementos que compramos por **litro**.

fita	suco	água	tecido
leite	gasolina		corda
óleo	macarrão		leite de coco

Pinte os itens que compramos em **litro**.

Pesquise imagens de produtos que compramos por **litro** e cole-as a seguir.

Faça um **X** na seção do supermercado que vende itens por **litro**.

Açougue. Hortifruti. 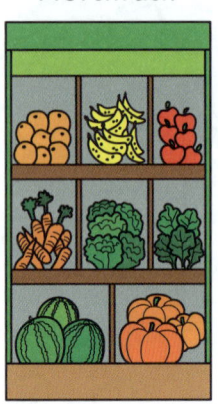 Bebidas.  Padaria.

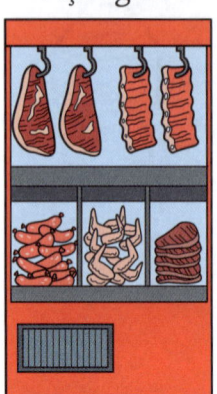

Na hora do recreio, observe quais alimentos consumidos por você e pelos colegas são comprados por **litro** e desenhe-os no quadro abaixo.

Medidas de massa: o quilograma (quilo)

Para medir o "peso" de pessoas, alimentos, objetos etc. usamos o **quilograma** (**quilo**).

O **quilo** é a unidade de medida de massa ou "peso".

O instrumento utilizado para pesar é a **balança**.

Veja alguns tipos de balança.

Para pesar bebês.

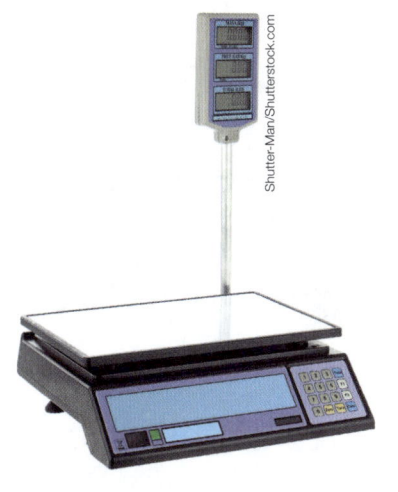

Para pesar carnes, peixes, legumes etc.

Para pesar pessoas.

Para pesar ingredientes de uma receita.

Nas embalagens em geral, o quilograma é representado pela sigla **kg**.

Observe os pacotes de alimentos. Qual deles é o mais pesado? Marque-o com um **X**.

Recorte de folhetos de supermercado a imagem de um alimento vendido por **quilo** e cole-a no quadro.

Vamos rever as medidas? Escreva o nome de três coisas que compramos por:

- quilo _____;
- metro _____;
- litro _____.

NATUREZA

Amazônia

A **Amazônia** é considerada o bioma de maior biodiversidade do mundo, isto é, o local em que existe a maior quantidade de espécies de plantas e animais que podemos encontrar no planeta. A floresta é densa, com muitas árvores de grande porte, e possui uma quantidade enorme de rios. O clima da região amazônica é úmido, por isso ocorrem muitas chuvas.

No Brasil, o bioma da Amazônia ocupa a Região Norte do país e os estados de Mato Grosso e Maranhão.

Vitórias-régias na região amazônica, no Brasil.

UNIDADE 1

Coordenação visomotora

Cubra o tracejado e ajude as crianças a regar o jardim. Depois, pinte as cenas.

Ligue cada animal ao seu respectivo corpo usando um lápis de cor diferente para cada um deles.

Pinte a imagem diferente.

Lavar as mãos é um hábito de higiene muito importante para nossa saúde.

Coloque uma de suas mãos sobre o quadro abaixo e faça o contorno dela utilizando lápis de cor.

UNIDADE 2

Os seres vivos e os elementos não vivos

Os seres que têm vida são chamados de **seres vivos**. Eles nascem, alimentam-se, crescem, podem reproduzir-se e morrem.

São considerados seres vivos os seres humanos, os animais e as plantas.

Observe a foto a seguir e diga aos colegas e ao professor quais são os seres vivos.

Os elementos **não vivos** não nascem, não se alimentam, não crescem, não se reproduzem e não morrem.

Podem ser elementos da natureza ou objetos criados pelos seres humanos.

Observe as imagens a seguir e circule aquela que mostra um elemento criado pelos seres humanos.

Areia.

Ouro.

Sofá.

Água.

Observe as imagens.

Numere os itens corretamente conforme a legenda.

| 1 | Seres vivos | 2 | Elementos não vivos |

☐ Mulher.

☐ Pedras.

☐ Camiseta.

☐ Coelho.

☐ Bola.

☐ Menino.

☐ Cadeira.

☐ Flores.

☐ Árvore.

Complete os quadrinhos compondo os nomes dos seres vivos e dos elementos não vivos.

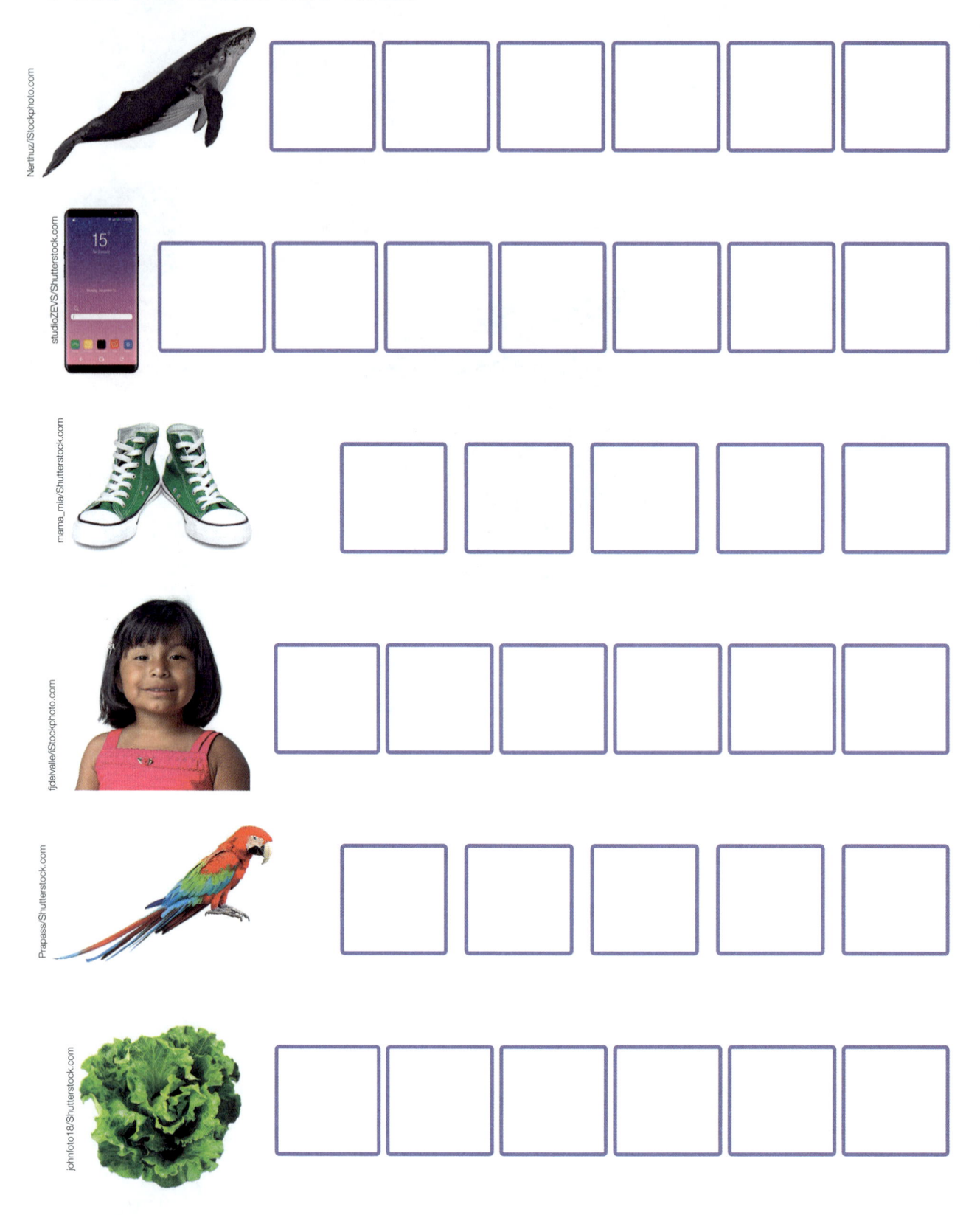

Agora, circule de verde somente os seres vivos.

UNIDADE 3

As plantas

As plantas são seres vivos. Elas nascem, crescem, reproduzem-se e morrem.

Observe a seguir o ciclo de vida de um pé de tomate.

Nasce.

Cresce.

Reproduz-se.

Morre.

Para crescer, a planta precisa de água, terra fértil, ar, luz e calor do Sol.

Partes das plantas

As partes de uma planta são:

Raiz – fixa a planta e retira do solo água e sais minerais para sua alimentação.

Caule – sustenta os galhos, as folhas, as flores e os frutos e leva água e sais minerais da raiz para as outras partes da planta.

Folhas – por meio delas, a planta respira durante o dia e à noite.

Flores – delas nascem os frutos. Elas embelezam os jardins e também nossas casas.

Frutos – guardam as sementes, dão origem a outras plantas e servem de alimento para outros seres vivos.

Observe uma planta com todas as suas partes. Utilize as palavras do quadro para indicar o nome de cada uma delas.

| caule | folha | fruto | raiz | flor |

Com a ajuda do professor, leia as funções das partes de uma planta e depois ilustre cada uma delas.

Sustenta os galhos, as folhas, as flores e os frutos e leva a água e os sais minerais da raiz para as outras partes da planta.

Delas nascem os frutos. Elas embelezam os jardins e também nossas casas.

Fixa a planta e retira do solo água e sais minerais para sua alimentação.

Por meio delas, a planta respira durante o dia e à noite.

Guardam as sementes, dão origem a outras plantas e servem de alimento para outros seres vivos.

Complete as orações com as palavras do quadro abaixo.

| caule | raiz | folhas | flores | frutos |

- A _____ segura a planta na terra.

- As _____ são responsáveis pela respiração das plantas.

- O _____ segura as folhas, as flores e os frutos.

- Os _____ guardam as sementes.

- As _____ embelezam a planta e delas nascem os frutos.

Marque com um **X** o que a planta precisa para nascer e viver.

☐ Calor. ☐ Terra fértil.

☐ Leite. ☐ Água.

☐ Ar. ☐ Verduras.

☐ Sol. ☐ Luz.

☐ Sono. ☐ Carne.

☐ Espaço. ☐ Sais minerais.

Como nascem as plantas

As plantas podem nascer quando plantamos suas **sementes**.

Germinação de sementes em estágios diferentes.

Ou, então, quando plantamos suas **mudas**, que são raminhos tirados de uma planta já crescida.

Cultivo de mudas de plantas.

Tanto as sementes quanto as mudas devem ser plantadas em terra fértil, regadas constantemente e receber luz do Sol.

Use as imagens acima como modelo e desenhe o que se pede.

SEMENTES NA TERRA	MUDA DE PLANTA

Com a ajuda de um adulto, pesquise duas plantas da região em que você mora: uma que nasça de semente e uma que nasça de muda.

Nome da planta:
Nasce de ( ) semente ( ) muda
Foto da planta pesquisada:

Nome da planta:
Nasce de ( ) semente ( ) muda
Foto da planta pesquisada:

Jardim, horta e pomar

No **jardim** são cultivadas flores, como rosa, cravo e dália.

Rosa.   Cravo.   Dália.

Na **horta** são cultivados legumes e verduras utilizados em nossa alimentação, como tomate, couve-flor e berinjela.

Tomate.   Couve-flor.   Berinjela.

No **pomar** são cultivadas frutas, como uva, morango e melancia.

Uva.   Morango.   Melancia.

Circule as imagens das plantas que você já viu plantadas na terra.

Leve cada alimento ao seu local de cultivo.

POMAR

HORTA

Pinte os espaços indicados com pontos e descubra uma fruta que é plantada no pomar.

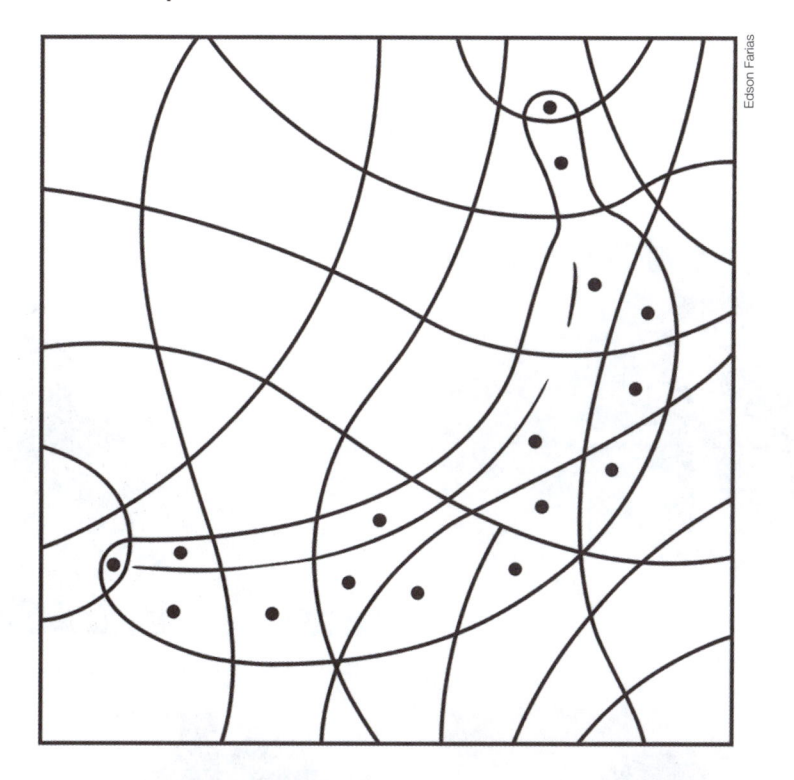

Na tabela, escreva no lugar certo o nome das plantas a seguir.

rosa abacaxi tomate dália caju melancia cenoura repolho tulipa uva margarida quiabo

JARDIM	HORTA	POMAR

As plantas e os outros seres vivos

Você sabia que as plantas são essenciais para os seres humanos e também para os animais?

Observe as imagens a seguir e compreenda a importância delas.

Alimentação de pessoas.

Alimentação de animais.

Purificação do ar.

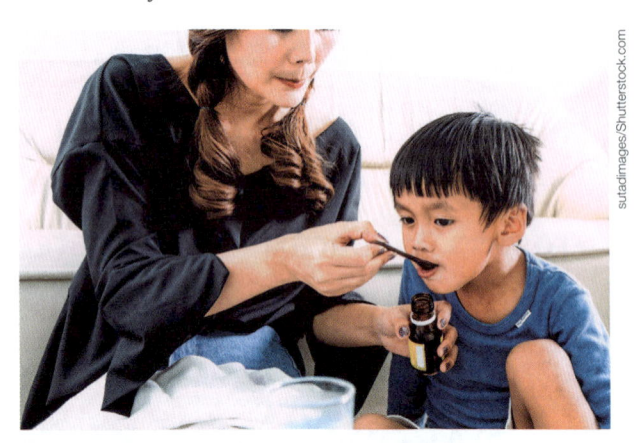

Fabricação de chás e remédios.

Fornecimento de matéria-prima para confecção de diversos objetos.

Abrigo de animais.

Pinte apenas as imagens que mostram o que as plantas podem oferecer aos seres humanos, aos animais e ao meio ambiente.

Sombra.

Água.

Alimentação de animais.

Poluição das águas.

Carne.

Purificação do ar.

UNIDADE 4

Os animais

Os animais são seres vivos. Portanto, eles...

nascem,

crescem,

reproduzem-se

e morrem.

Animais vertebrados e invertebrados

Os animais podem ser classificados em **vertebrados** e **invertebrados**.

Os **animais vertebrados** são aqueles que possuem coluna vertebral.

Passarinho.

Cachorro.

Peixe.

Os **animais invertebrados** são aqueles que não têm coluna vertebral.

Caramujo.

Estrela-do-mar.

Besouro.

Faça uma pesquisa com os colegas e o professor e escreva o nome de outros animais:

- vertebrados:

_____

_____

- invertebrados:

_____

_____

Classificação dos animais vertebrados

Por terem características bem diferentes uns dos outros, os animais vertebrados podem ser classificados em cinco grupos: mamíferos, aves, peixes, répteis e anfíbios.

Os **mamíferos** são animais que se desenvolvem na barriga da mãe, mamam quando filhotes e, geralmente, têm o corpo coberto de pelos.

Gata com filhotes.   Morcego com filhote.   Baleia com filhote.

As **aves** são animais que nascem de ovos, têm o corpo coberto de penas, possuem um bico e duas asas, que possibilitam que algumas delas voem.

Arara.   Urubu.   Pinguim.

Os **peixes** são animais que vivem na água e nascem de ovos. Geralmente apresentam nadadeiras e cauda para se locomover e possuem o corpo coberto por escamas.

Tubarão.

Peixe.

Os **répteis** são animais que nascem de ovos e rastejam. Alguns têm patas, outros não; quando elas existem, são tão curtas que seu corpo arrasta no solo. Alguns répteis têm o corpo coberto por escamas; outros, por uma carapaça dura.

Jacaré.

Cobra.

Os **anfíbios** são animais que nascem de ovos colocados na água, mas passam a viver na terra depois que crescem. A maioria deles têm a pele lisa, fina e úmida.

Sapo.

Salamandra.

Descubra o nome do réptil a seguir trocando os símbolos pelas letras correspondentes.

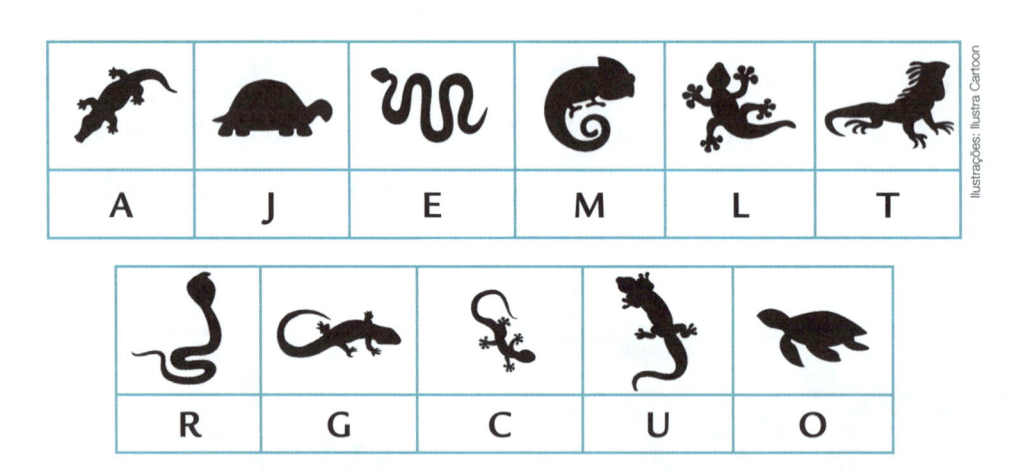

🦎	🐢	🐍	🦎	🦎	🦎
A	J	E	M	L	T

🐍	🦎	🦎	🦎	🐢
R	G	C	U	O

Ouça a leitura da adivinha e pinte a resposta.

O que é, o que é?
Animal que nasce dentro do ovo, possui um bico, duas asas e tem o corpo coberto de penas.

Adivinha.

Observe as imagens de animais mamíferos. Depois, encontre o nome deles no diagrama de palavras.

M	O	R	C	E	G	O	S	G
L	T	I	G	R	E	R	P	A
Z	E	Ç	K	A	L	U	I	T
E	L	P	O	F	T	R	R	O
B	I	O	U	R	E	S	O	T
R	A	R	D	I	O	O	Q	J
A	H	C	M	Z	N	E	U	C
O	G	O	L	F	I	N	H	O

Cubra o tracejado para descobrir um animal anfíbio. Depois, pinte a cena com capricho.

Como os animais se locomovem

Todos os animais se locomovem, mas de formas diferentes. Observe.

A perereca, a rã e o sapo se locomovem pulando.

A cobra e outros répteis se locomovem rastejando pelo solo.

O cavalo, a ovelha e a girafa caminham e correm sobre suas quatro patas.

Os peixes nadam nas águas de rios, lagos e mares.

O beija-flor, o tucano e outros pássaros se locomovem voando.

Desenhe na cena um animal que corre, um que voa, um que nada, um que rasteja e outro que pula.

Animais domesticados e animais silvestres

Animais domesticados são aqueles que estão acostumados com a presença dos seres humanos e convivem com eles em casas, quintais, sítios etc.

Circule os animais domesticados que você conhece.

Cachorro.   Gato.   Galinha.   Cavalo.

Animais silvestres são aqueles que vivem na natureza e não estão acostumados com a presença dos seres humanos.

Circule os animais silvestres que você conhece.

Tartaruga-marinha.   Jacaré.

Onça.   Elefante.

Complete as frases corretamente.

- Os animais _____ são os que estão acostumados com a presença dos _____.
- Os animais _____ são os que vivem na _____ e não estão acostumados com a presença dos _____.

Observe as figuras e coloque o nome dos animais na coluna certa da tabela.

DOMESTICADOS	SILVESTRES
_____	_____
_____	_____
_____	_____
_____	_____

Os animais e os seres humanos

Animais que podem ser úteis aos seres humanos

Alguns produtos que consumimos e usamos diariamente, como alimentos e roupas, podem ser fabricados de elementos de origem animal.

Veja alguns produtos e alimentos de origem animal e faça um **X** nas imagens que representam produtos de que você gosta.

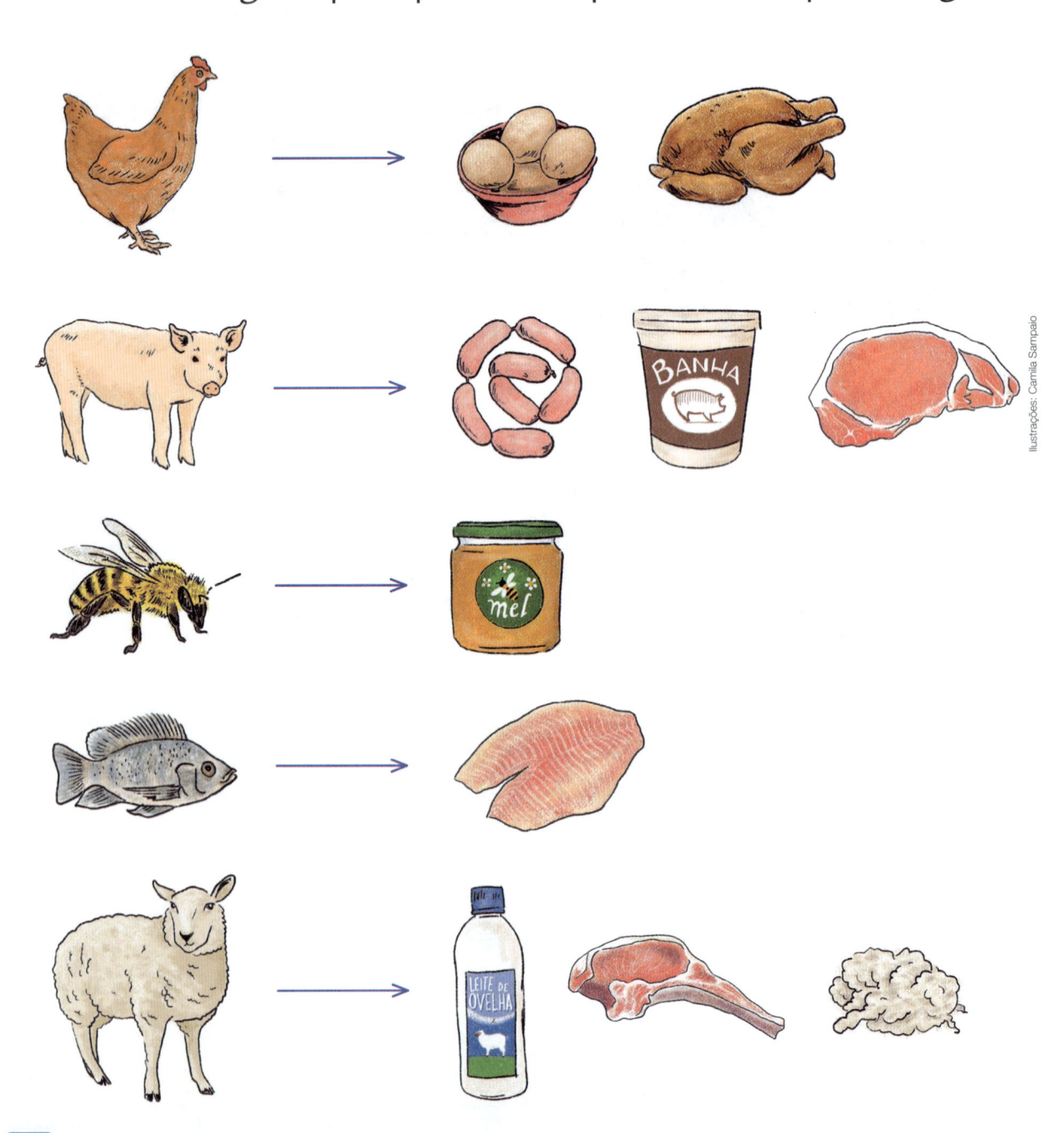

Ilustrações: Camila Sampaio

Alguns animais também podem oferecer companhia, ajudar pessoas com deficiência e auxiliar no trabalho agrícola.

Cães-guias podem ajudar pessoas com deficiência visual.

Sapos comem os insetos que estragam as plantações.

Outros animais, como bois, cavalos e burros, podem transportar pessoas e cargas, além de ajudar nos trabalhos do campo.

Faça um / na imagem que ilustra uma situação que você já viu pessoalmente.

Animais que podem ser nocivos

Alguns animais podem prejudicar a vida de seres humanos, de outros animais e até de plantas. São os chamados **animais nocivos**.

Alguns deles podem transmitir doenças às pessoas, como baratas, ratos e o mosquito da dengue.

Outros são venenosos, podendo colocar em perigo a vida de seres humanos e outros animais, como escorpiões, aranhas e cobras.

Há ainda os animais que, em grande número, podem causar estragos às plantações, como gafanhotos, formigas e lagartas.

Agora, circule os animais desta página que você já viu de perto.

Observe os animais desenhados a seguir e pinte de 🔴 os que podem ser nocivos e de 🟢 os que podem ser úteis aos seres humanos.

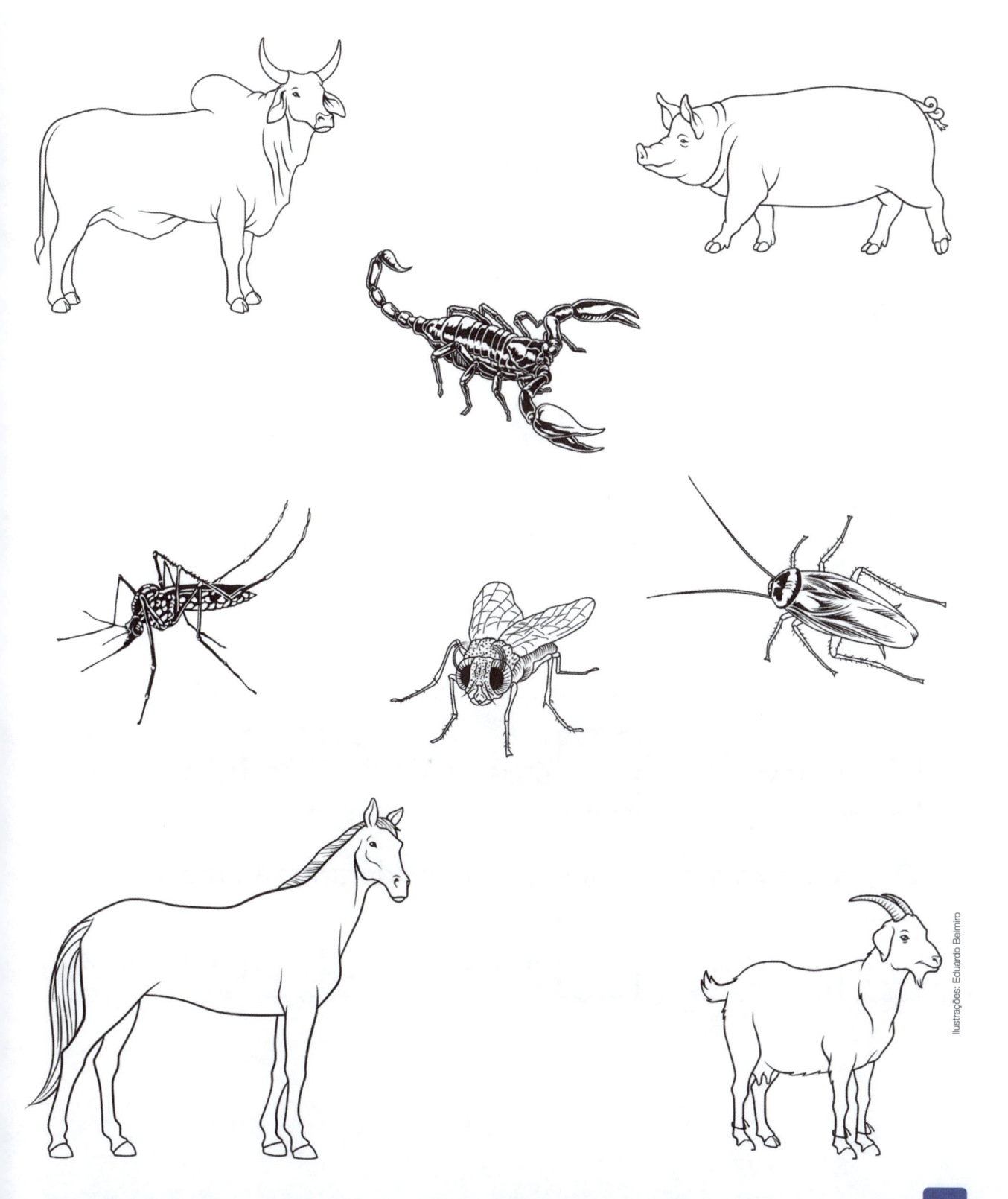

Com a ajuda do professor, marque um **X** na resposta correta.

- Os gafanhotos e as formigas podem ser considerados animais:

  ☐ úteis. ☐ domesticados. ☐ nocivos.

- O rato, a barata e a pulga podem ser considerados animais:

  ☐ silvestres. ☐ nocivos. ☐ úteis.

- As vacas, as galinhas e os porcos podem ser considerados animais:

  ☐ nocivos. ☐ úteis. ☐ silvestres.

- Algumas espécies de cobras e os escorpiões são animais:

  ☐ venenosos. ☐ domesticados. ☐ úteis.

- O cavalo e o burro podem ser considerados animais:

  ☐ nocivos. ☐ úteis. ☐ silvestres.

- O gato e o cachorro podem ser considerados animais:

  ☐ silvestres. ☐ nocivos. ☐ domesticados.

Escolha um animal e preencha a ficha sobre ele relembrando tudo o que você aprendeu nesta unidade. Depois, faça um desenho dele bem bonito.

FICHA ANIMAL

Nome: _____.

Sou ☐ vertebrado   ☐ invertebrado

Meu corpo é coberto de _____.

Eu me locomovo _____.

Sou ☐ domesticado   ☐ silvestre

Vivo _____.

UNIDADE 5

Recursos naturais

Os **recursos naturais** são elementos da natureza importantes para a manutenção da vida em nosso planeta. Por isso, são muito úteis aos seres humanos, aos animais e às plantas.

Conheça alguns recursos naturais que nos ajudam a viver melhor.

Tudo o que podemos observar nessa imagem são recursos naturais: o solo, a água, os animais, as plantas, o ar e a luz do Sol. Sem isso, a vida em nosso planeta não aconteceria.

Quantos tipos de recursos naturais existem na imagem acima? Escreva o número no quadrinho a seguir.

O ar e a água são necessários a todos os seres vivos.

Do Sol recebemos luz e calor. Ele ilumina e aquece nosso planeta.

As plantas e os animais harmonizam o equilíbrio da vida e podem fornecer alimentos a seres humanos e a outros animais.

No solo construímos moradias, plantamos vegetais e criamos animais. Embaixo do solo existem minerais e água.

Dos recursos naturais acima, qual é aquele de que precisamos 24 horas por dia?

Que recurso natural está sendo usado:

- pelo menino?
- pela mulher?
- na fabricação destes objetos?

☐ Água.　　☐ Comida.　　☐ Plantas.

☐ Terra.　　☐ Ar.　　☐ Minerais.

Responda corretamente às perguntas abaixo.

- De quem recebemos calor?
- Onde construímos casas?
- De onde colhemos alimentos?

☐ Da água.　　☐ Na água.　　☐ Das plantas.

☐ Do Sol.　　☐ No solo.　　☐ Do ar.

Leia as frases a seguir e numere os recursos naturais aos quais elas se referem.

[1] Recurso natural que você bebe.

[2] Recurso natural onde as plantas crescem.

[3] Recurso natural que você respira.

[4] Recurso natural que ilumina e aquece a Terra.

[5] Recursos naturais que podem fornecer alimentos.

[6] Recursos naturais utilizados na fabricação de panelas, carros, portões etc.

[ ] Sol.   [ ] Minérios.   [ ] Água.

[ ] Ar.   [ ] Plantas e animais. [ ] Solo.

Qual recurso natural é usado:

- quando você toma banho? _____

- quando você monta em um cavalo? _____

- quando você come maçãs? _____

- quando você planta uma semente? _____

- quando você bronzeia a pele? _____

UNIDADE 6

Corpo humano

O nosso corpo é formado de três partes. São elas: **cabeça**, **tronco** e **membros**.

Identifique-as na criança a seguir.

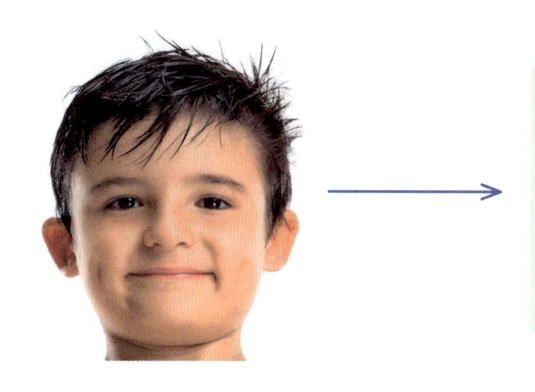

Na cabeça estão os olhos, o nariz, a boca, as orelhas e o cérebro, que comanda nosso corpo.

O tronco compreende o pescoço, o tórax e o abdome (também chamados de peito e barriga). No peito, estão localizados o coração e os pulmões; na barriga, o estômago, o fígado e os intestinos.

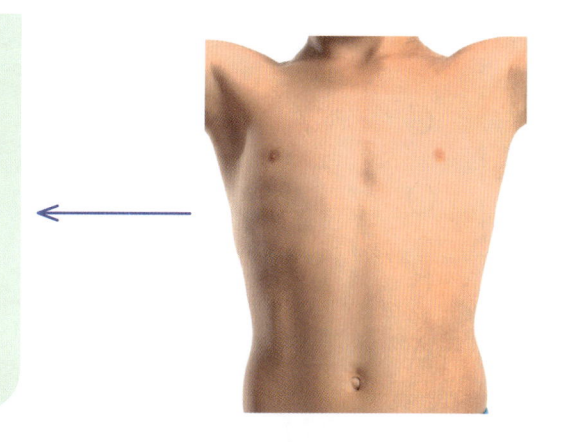

Os braços são os membros superiores.

As pernas são os membros inferiores.

Procure no diagrama as palavras a seguir.

| CABEÇA | PEITO | TÓRAX | BRAÇOS | PERNAS |
| CÉREBRO | ABDOME | CORAÇÃO | PELE | OSSOS |

X	V	B	T	B	P	V	C	N
L	D	B	C	R	L	P	É	O
R	T	Ó	R	A	X	E	R	S
C	A	B	E	Ç	A	R	E	S
O	U	P	R	O	Q	N	B	O
R	V	E	T	S	P	A	R	S
A	X	I	M	N	O	S	O	W
Ç	U	T	V	P	E	L	E	X
Ã	T	O	A	B	D	O	M	E
O	X	A	C	D	F	G	H	J

Desenhe o que falta no rosto abaixo.

Leia as frases a seguir e numere as partes do corpo às quais elas se referem.

[1] Membros superiores.

[4] Membros inferiores.

[2] Também chamado peito.

[5] Também chamado barriga.

[3] Com eles, podemos ver.

[6] Com elas, podemos ouvir.

[ ] Braços.   [ ] Abdome.   [ ] Tórax.

[ ] Olhos.   [ ] Orelhas.   [ ] Pernas.

Pinte os quadrinhos que indicam o que se encontra na cabeça.

Olhos.	Abdome.	Cérebro.	Orelhas.
Mãos.	Nariz.	Cabelos.	Boca.
Pés.	Umbigo.	Testa.	Dedos.

Agora, desenhe as partes do corpo dos quadrinhos que você pintou.

Pinte a cena com suas cores preferidas. Depois, circule a cabeça de 🔵, o tronco de 🟢 e os membros de 🟡.

UNIDADE 7

Os sentidos

Podemos perceber o mundo por meio dos **cinco sentidos**.

Os órgãos do sentido têm a função de captar as informações do meio externo e levá-las a nosso cérebro.

Visão

É o sentido que nos possibilita enxergar tudo que está ao redor. Os órgãos responsáveis por esse sentido são os **olhos**.

Audição

É o sentido que nos possibilita escutar os sons e ruídos do ambiente. Os órgãos responsáveis por esse sentido são as **orelhas**.

Olfato

É o sentido que nos possibilita sentir os cheiros do ambiente. Alguns cheiros podem ser agradáveis, outros não. O órgão responsável por esse sentido é o **nariz**.

Gustação

É o sentido que nos possibilita sentir o sabor dos alimentos (salgado, doce, azedo, amargo). O órgão responsável por esse sentido é a **língua**.

Tato

É o sentido que nos possibilita sentir diferentes estímulos, como temperatura, textura, pressão, dor etc. O órgão responsável por esse sentido é a **pele**.

Escreva o nome dos órgãos dos sentidos.

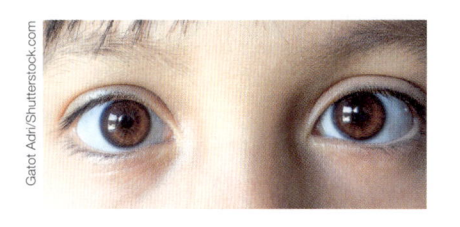

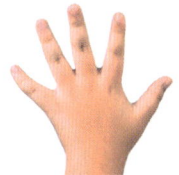

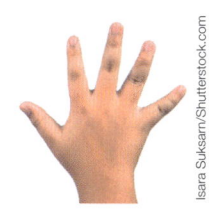

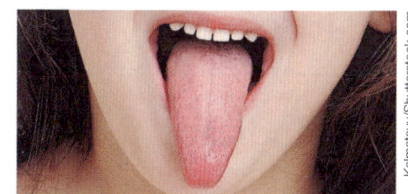

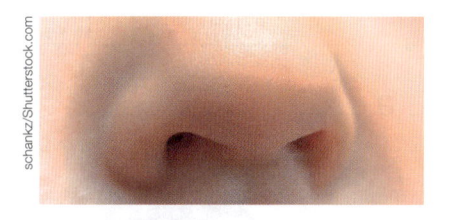

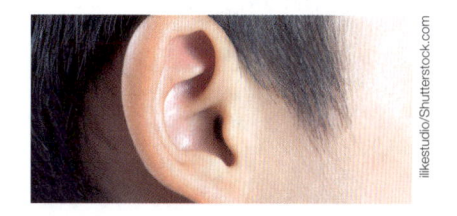

_____   _____   _____

_____   _____

Observe o que as pessoas estão fazendo. Então, circule o sentido que cada uma delas está usando, seguindo a legenda a seguir.

● Tato.   ● Visão.   ● Gustação.   ● Audição.   ● Olfato.

Observe as imagens e complete as frases com as palavras do quadro.

| audição | cheirando | ouvindo | lambendo | gustação |
| olfato | olhando | tato | visão | acariciando |

Tiago está _____ o pirulito.
O sentido é a _____.

Iara está _____ a flor.
O sentido é o _____.

Miguel está _____ o gato.
O sentido é o _____.

Carolina está _____ música.
O sentido é a _____.

André está _____ a paisagem.
O sentido é a _____.

Pinte as figuras relacionadas ao sentido da gustação.

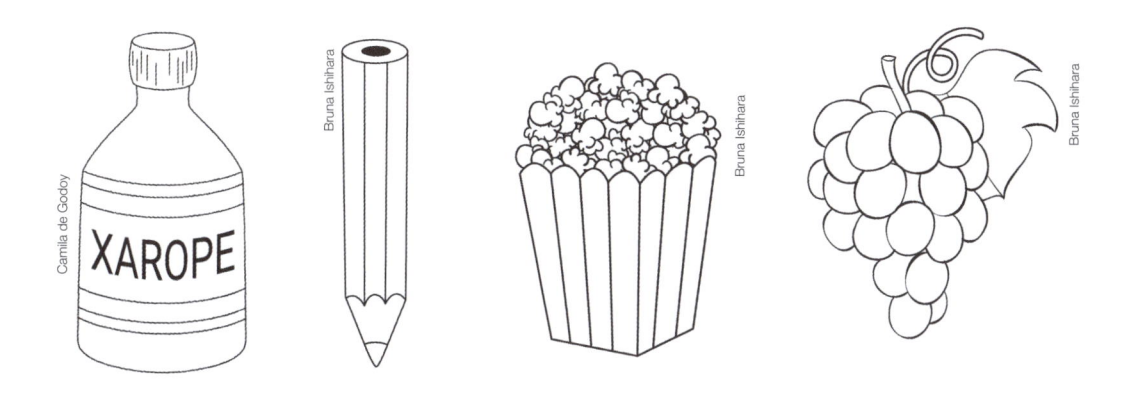

Escreva o nome dos elementos que têm cheiro.

_____   _____

_____   _____

Pinte os objetos que podemos reconhecer pela audição.

Classifique os elementos apresentados em **macio** ou **áspero**.

_____   _____

_____   _____

UNIDADE 8

Hábitos de higiene e saúde

Para ter boa saúde e evitar doenças, devemos ter bons hábitos de higiene, praticar atividades físicas, ter boa alimentação e cuidar também da limpeza e da organização do ambiente em que vivemos. Veja alguns exemplos.

Tomar banho todos os dias.

Escovar os dentes após as refeições.

Lavar as mãos antes das refeições e sempre que usar o banheiro.

Lavar e pentear os cabelos.

Cortar e limpar as unhas.

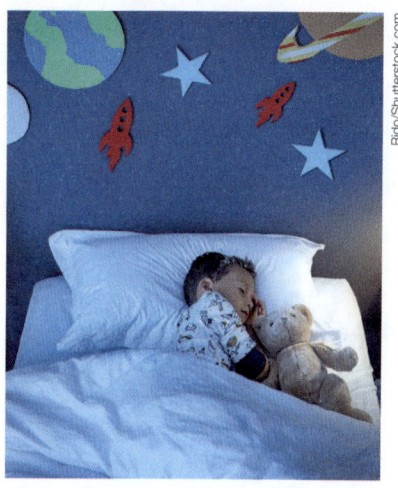

Dormir em quarto arejado e limpo.

Lavar as frutas e verduras antes de comer.

Praticar atividade física.

Comer alimentos variados e nutritivos.

Desenhe um hábito de higiene que você tem depois que acorda.

Observe as imagens e complete as frases com as palavras do quadro.

| esportes | banho | unhas | corta |
| penteia | dorme | tranquilo | lava |

Gabriel _____ as mãos.

Júlio _____ em ambiente _____.

Luíza _____ os cabelos.

Cauê _____ as _____.

Tainá toma _____ todos os dias.

Olívia pratica _____.

Marque **V** para o que é verdadeiro e **F** para o que é falso.

Devemos:

☐ deixar as unhas sujas.

☐ tomar banho todos os dias.

☐ praticar atividade física.

☐ não pentear os cabelos.

☐ tomar Sol e respirar ar puro.

☐ não lavar as mãos antes das refeições.

☐ escovar os dentes após as refeições.

☐ não beber água filtrada.

☐ comer alimentos variados.

Responda às perguntas oralmente.
- Qual é o seu esporte preferido?
- O que você costuma comer nas refeições?
- Quantas horas você dorme por noite?

Pinte apenas as imagens dos elementos que auxiliam na higiene do corpo.

UNIDADE 9

Origem dos alimentos

Nosso corpo precisa da energia retirada dos alimentos para crescer, movimentar-se e manter uma boa saúde.

Os alimentos podem ser de **origem**: **animal**, **vegetal** ou **mineral**.

Carnes, ovos, mel, leite e derivados são de **origem animal**.

Frutas, legumes, verduras, cereais e grãos são de **origem vegetal**.

O sal e a água são de **origem mineral**.

Depois de caminhar, Caio ficou com sede. Leve-o até uma bebida de origem mineral para saciar sua sede.

Pinte os alimentos de acordo com a sua origem, seguindo a legenda:

- animal
- vegetal
- mineral

Recorte de jornais, revistas ou panfletos de supermercado imagens de alimentos de origem animal e vegetal que você gosta de comer e cole-os na imagem do prato.

UNIDADE 10

A água

A **água** é indispensável a todos os seres vivos e, sem ela, não haveria vida na Terra.

Ela é um recurso natural de origem mineral.

Você sabe onde podemos encontrar água?

Observe as imagens a seguir.

Rios.

Mares.

Fontes.

Poços.

Faça um **X** nas imagens que representam lugares onde você já foi e viu água.

285

Antes de beber água, devemos filtrá-la ou fervê-la, assim matamos os microrganismos causadores de doenças.

Quando a água é adequada para bebermos, ela é chamada de **água potável**. A água potável não tem cor, nem cheiro, nem sabor.

Pinte a imagem que representa como é o tratamento da água potável na sua casa.

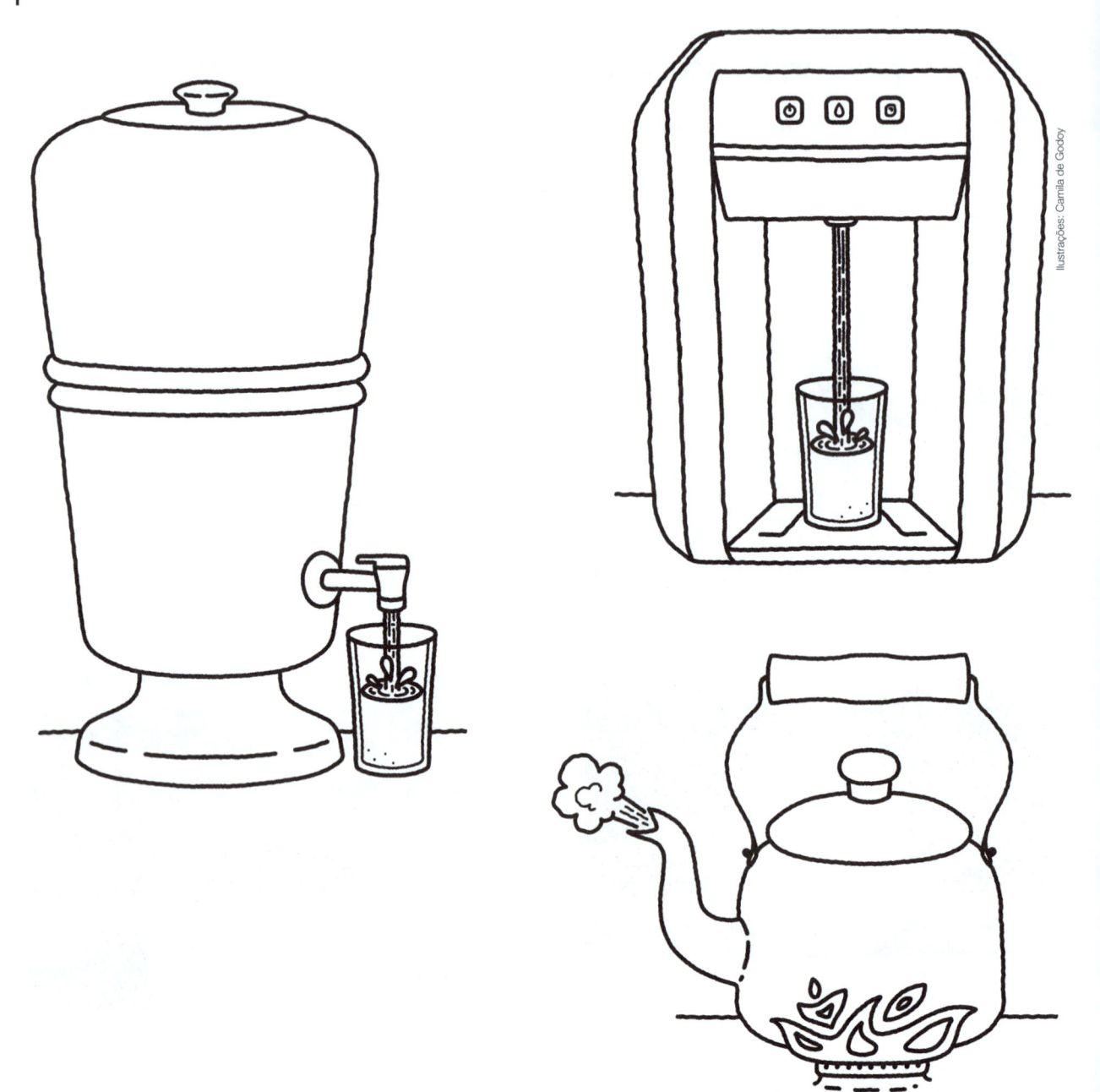

Em que momentos você e as pessoas de sua família utilizam água?

Observe alguns exemplos a seguir e faça um **X** na alternativa correta de acordo com a cena.

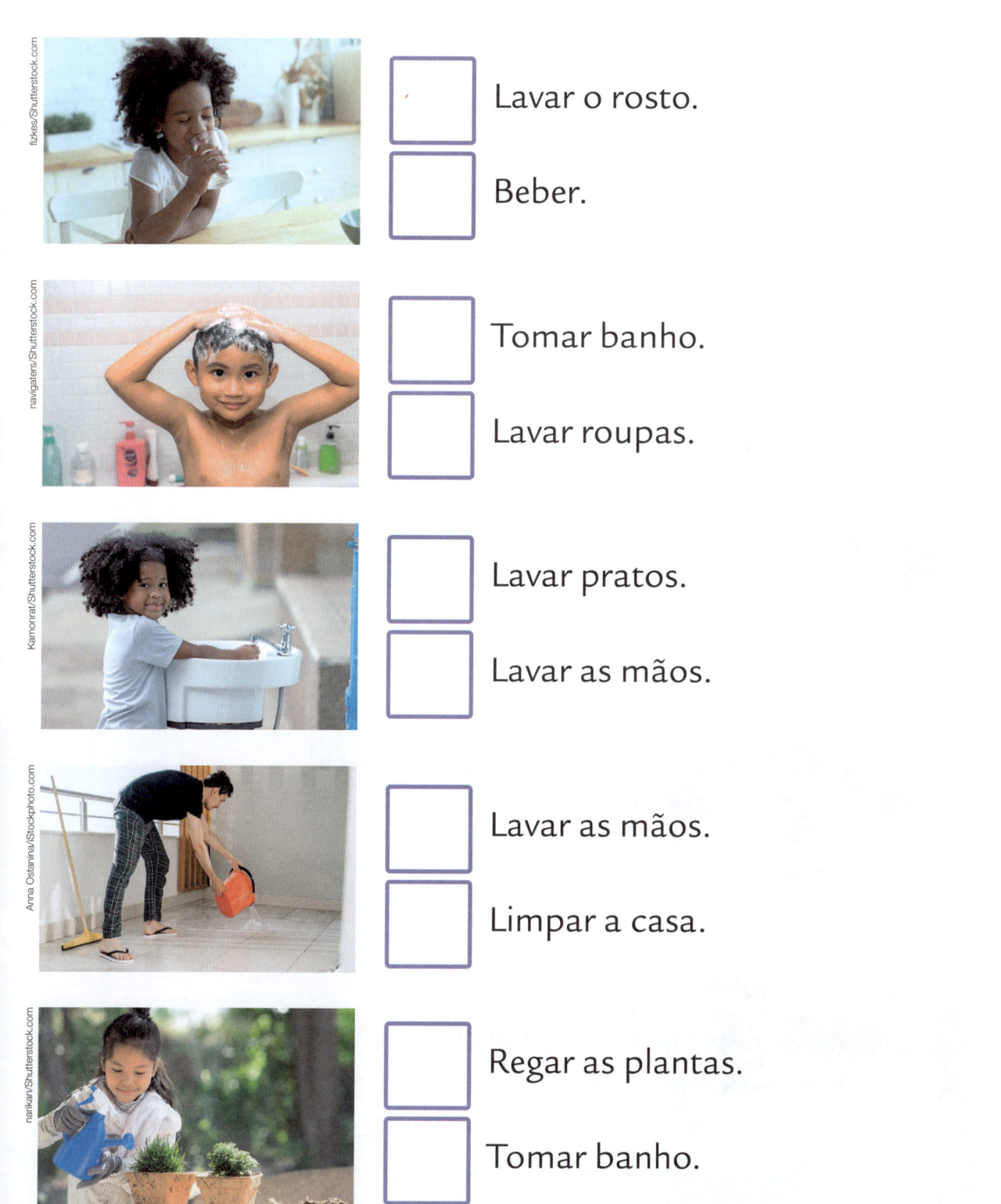

☐ Lavar o rosto.
☐ Beber.

☐ Tomar banho.
☐ Lavar roupas.

☐ Lavar pratos.
☐ Lavar as mãos.

☐ Lavar as mãos.
☐ Limpar a casa.

☐ Regar as plantas.
☐ Tomar banho.

☐ Limpar o chão.
☐ Cozinhar.

☐ Lavar o rosto.
☐ Molhar as plantas.

☐ Nadar.
☐ Lavar louças.

☐ Lavar o quintal.
☐ Lavar roupas.

☐ Lavar frutas.
☐ Lavar louças.

Pinte as imagens das espécies que precisam de água para viver.

A poluição da água é um dos maiores perigos à saúde dos seres vivos, pois não podemos sobreviver sem água limpa.

A ação humana é a principal responsável pela poluição das águas. Atitudes como o descarte incorreto de lixo e o lançamento de esgoto nos rios são as maiores causas dessa poluição.

Com simples ações, você pode ajudar no controle da poluição da água. Veja as dicas.

- Descarte seu lixo de maneira correta.
- Faça compostagem doméstica.
- Pratique consumo consciente da água.

Faça um traço nas imagens que indicam ações que poluem a água.

UNIDADE 11

O ar

O **ar** é indispensável para os seres vivos, pois é utilizado pelos seres humanos, pelos animais e pelas plantas na respiração.

O ar não tem gosto, nem cheiro, nem cor, mas tem peso.

Percebemos a existência do ar de diversas maneiras e também por meio do vento.

> O **vento** é o ar em movimento.

Observe as cenas a seguir. Elas provam que o ar existe. Circule as cenas com situações que você já vivenciou.

Ilustrações: Carolina Antunes

Ilustrações: Carolina Antunes

292

Vamos fazer bolhas de sabão gigantes?

Você precisará de:
- palitos de churrasco ou bastões;
- barbante;
- água morna;
- glicerina para fazer sabão ou detergente;
- açúcar;
- sabão líquido.

Agora, siga as instruções do professor para preparar o soprador e a mistura do sabão.

Dica: para as bolhas ficarem gigantes, você precisará movimentar o soprador rapidamente.

Faça um desenho para registrar como foi a brincadeira.

O aumento de gases poluentes na atmosfera prejudica a qualidade do ar, podendo provocar doenças respiratórias nos seres vivos.

A poluição do ar é provocada principalmente pelos motores dos veículos, das indústrias, das refinarias, das fábricas, das queimadas e da incineração do lixo doméstico. Veículos, como carros, ônibus, motos e caminhões, são considerados os principais agentes poluentes do ar.

Pinte na cena abaixo os agentes que poluem o ar.

UNIDADE 12

Coleta seletiva e reciclagem

Você sabe para onde vão os resíduos produzidos pelos seres humanos? O destino correto para eles é a **coleta seletiva**, em que serão devidamente descartados e evitarão a poluição do solo e das ruas.

Os resíduos são separados por tipo: papéis, plásticos, metais, vidros e orgânicos (restos de alimentos). Após a separação, os materiais recicláveis são encaminhados para os centros de reciclagem, onde são transformados em novos produtos. Por esse processo, resíduos que seriam destinados ao lixo podem ser reaproveitados.

Pinte as lixeiras de coleta seletiva de acordo com a legenda.

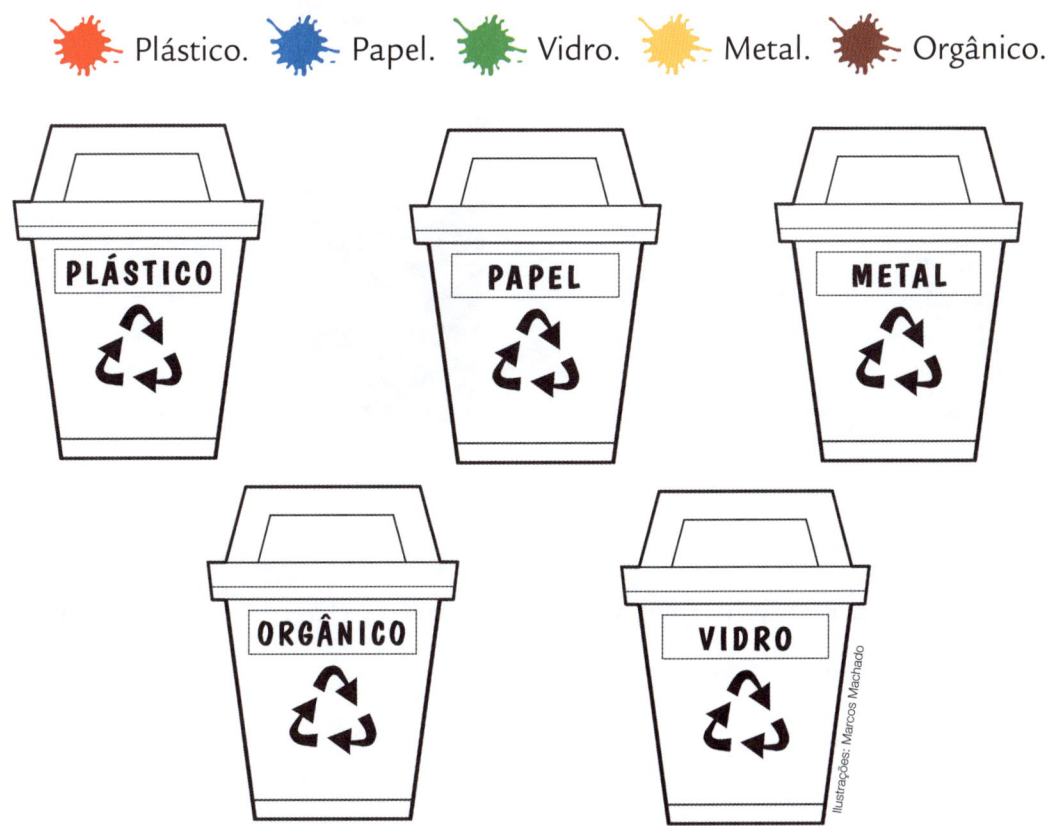

Plástico. Papel. Vidro. Metal. Orgânico.

Agora, com a ajuda do professor, escreva uma lista de objetos que podem ser descartados em cada tipo de lixeira.

Reciclar é preciso!

Elabore com a turma cartazes com embalagens de produtos recicláveis. Crie uma frase de incentivo à reciclagem e exponha os cartazes na escola.

SOCIEDADE

Pantanal

O **Pantanal** é um dos menores biomas brasileiros e está distribuído na Região Centro-Oeste do país, especialmente nos estados de Mato Grosso e Mato Grosso do Sul. Nele, predomina uma vegetação de médio porte e plantas típicas de regiões alagadas, como o aguapé. No quesito fauna, abriga, além da famosa onça-pintada, os jaburus (aves com cabeça preta, papo vermelho e pernas alongadas). A preservação desse bioma vem sendo ameaçada por queimadas e desmatamento. É essencial que possamos compreender sua importância e valorizá-lo, para que continue existindo.

Área alagada do pantanal do Mato Grosso do Sul, na cidade de Aquidauana, 2018.

UNIDADE 1

Coordenação visomotora

Cubra o tracejado da casinha. Depois, pinte a cena toda com capricho.

Observe a família de Luiz e ligue-a à sombra correspondente.

Complete e pinte os desenhos do patinete e da bicicleta.

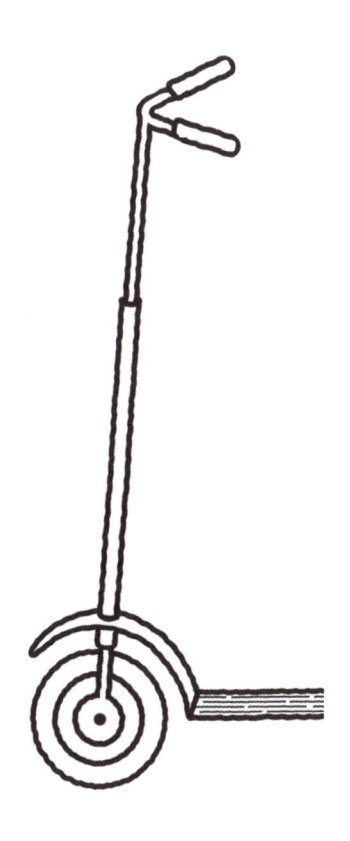

Ajude Lucas a chegar à escola.

UNIDADE 2

Você

Toda criança tem um jeitinho próprio de compreender o mundo e de interagir com as pessoas com as quais convive. É por meio dessas relações que ela aprende e constrói sua identidade. Além das características físicas, o jeito de ser, os gostos e as preferências são individuais e construídos ao longo da vida. O mais importante é saber respeitar essa diversidade que enriquece nosso dia a dia.

Você sabia que toda criança tem direito a um nome e a um sobrenome desde seu nascimento? Já viu o documento abaixo? Preencha-o com seu nome completo, uma foto (ou desenho) de seu rosto e sua digital. Siga as orientações do professor.

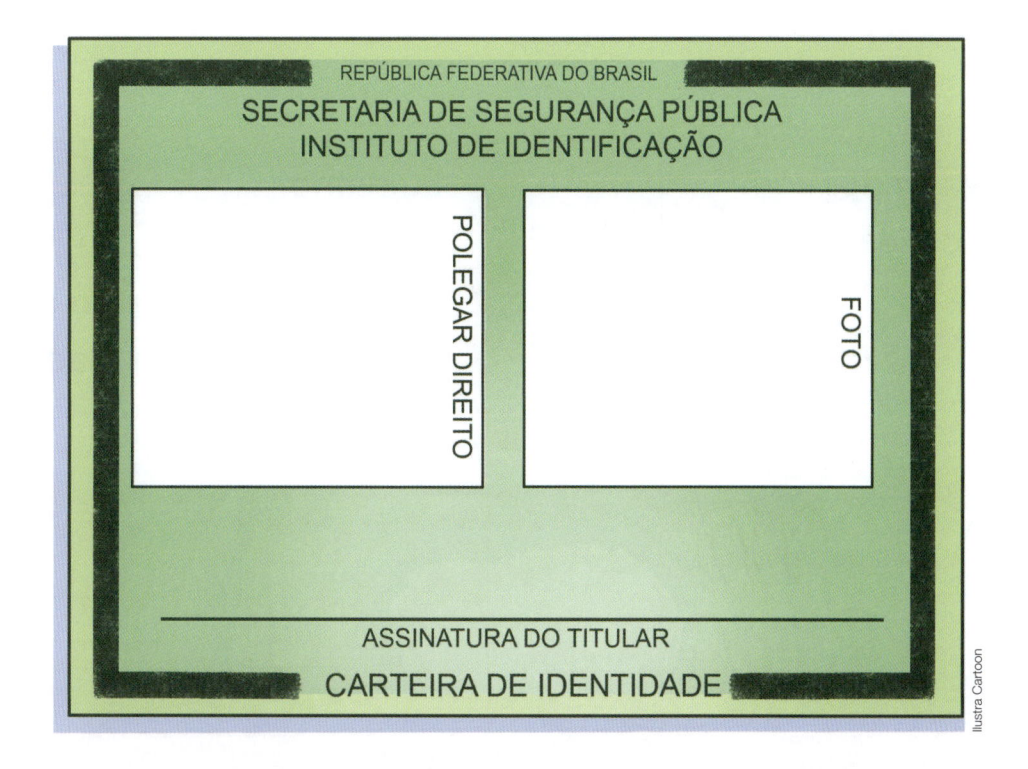

REPÚBLICA FEDERATIVA DO BRASIL
SECRETARIA DE SEGURANÇA PÚBLICA
INSTITUTO DE IDENTIFICAÇÃO

POLEGAR DIREITO

FOTO

ASSINATURA DO TITULAR
CARTEIRA DE IDENTIDADE

Agora, conte um pouco sobre você. Pinte os desenhos e faça o que se pede.

Meu nome é _____.

Desenhe como é o seu cabelo.

Pinte os olhos abaixo com mesma cor dos seus.

Cole aqui uma foto sua.

Pinte as mãos com mesma cor de sua pele.

Eu tenho _____ anos. Desenhe no bolo uma vela com o número que representa sua idade.

Ilustrações: Ilustra Cartoon

Desenhe, em cada quadro, as suas preferências. Depois, compartilhe o que você desenhou com os colegas.

Comida preferida.	Lugar preferido.

Animal preferido.	Brincadeira preferida.

Esporte preferido.	História preferida.

As pessoas apresentam características físicas e comportamentais diferentes.

Desenhe e pinte o rosto das pessoas a seguir caracterizando-as de diferentes maneiras para representar a diversidade.

UNIDADE 3

A família

A família é o primeiro grupo de pessoas com o qual convivemos. Ela é formada por pessoas unidas por laços de sangue ou por laços de afeto.

As famílias têm diferentes origens, histórias e formas de se organizar, mas todas devem ser respeitadas.

Observe as imagens a seguir e converse com os colegas sobre os membros de cada família.

Agora, desenhe a sua família.

Pinte as atividades que você gosta de fazer com sua família.

Relacione as colunas de acordo com o parentesco.

1	Primo		Irmão do papai ou da mamãe.
2	Avó		Pai do papai ou da mamãe.
3	Tio		Filho do titio ou da titia.
4	Avô		Mãe do papai ou da mamãe.

Momentos em família podem ser muito divertidos!

Escolha uma fotografia de um momento especial que você teve com sua família e cole-a aqui. Depois, conte aos colegas sobre esse dia.

UNIDADE 4

O lar

Todas as pessoas têm direito a um lar, ou seja, uma moradia.

Moradia

O direito à moradia é um dos direitos humanos fundamentais [...] É dever do Estado proporcionar a todos os cidadãos o acesso a uma moradia adequada, onde possam viver com segurança, paz e dignidade e se desenvolver de forma integral – da infância à idade adulta. [...]

Moradia. **Fundação Abrinq – Observatório da Criança e do Adolescente**. [S. l.], [202-?]. Disponível em: https://observatoriocrianca.org.br/cenario-infancia/temas/moradia. Acesso em: 6 abr. 2022.

Observe a família a seguir e desenhe uma moradia para ela.

Existem diversos tipos de moradia.

Observe as imagens abaixo e faça um **X** nos tipos que você já viu pessoalmente. Depois, circule a moradia que mais se parece com a sua.

Oca.

Prédio.

Casa.

Iglu.

Castelo.

Casa de pau a pique.

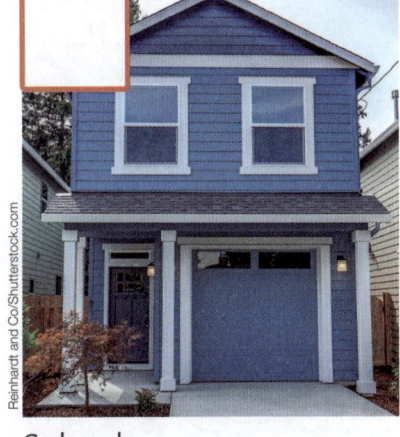

Palafita.

Sobrado.

Fazenda.

Marque um **X** nos cômodos existentes na sua casa.

☐ Sala.

☐ Cozinha.

☐ Garagem.

☐ Banheiro.

☐ Jardim.

☐ Quintal.

☐ Quarto.

☐ Varanda.

☐ Lavanderia.

☐ Escritório.

Circule os objetos que estão nos cômodos errados.

Pinte os objetos que existem na sua casa. Em quais cômodos você utiliza esses objetos? Converse com os colegas e o professor.

Desenhe cada uma das tarefas de casa.

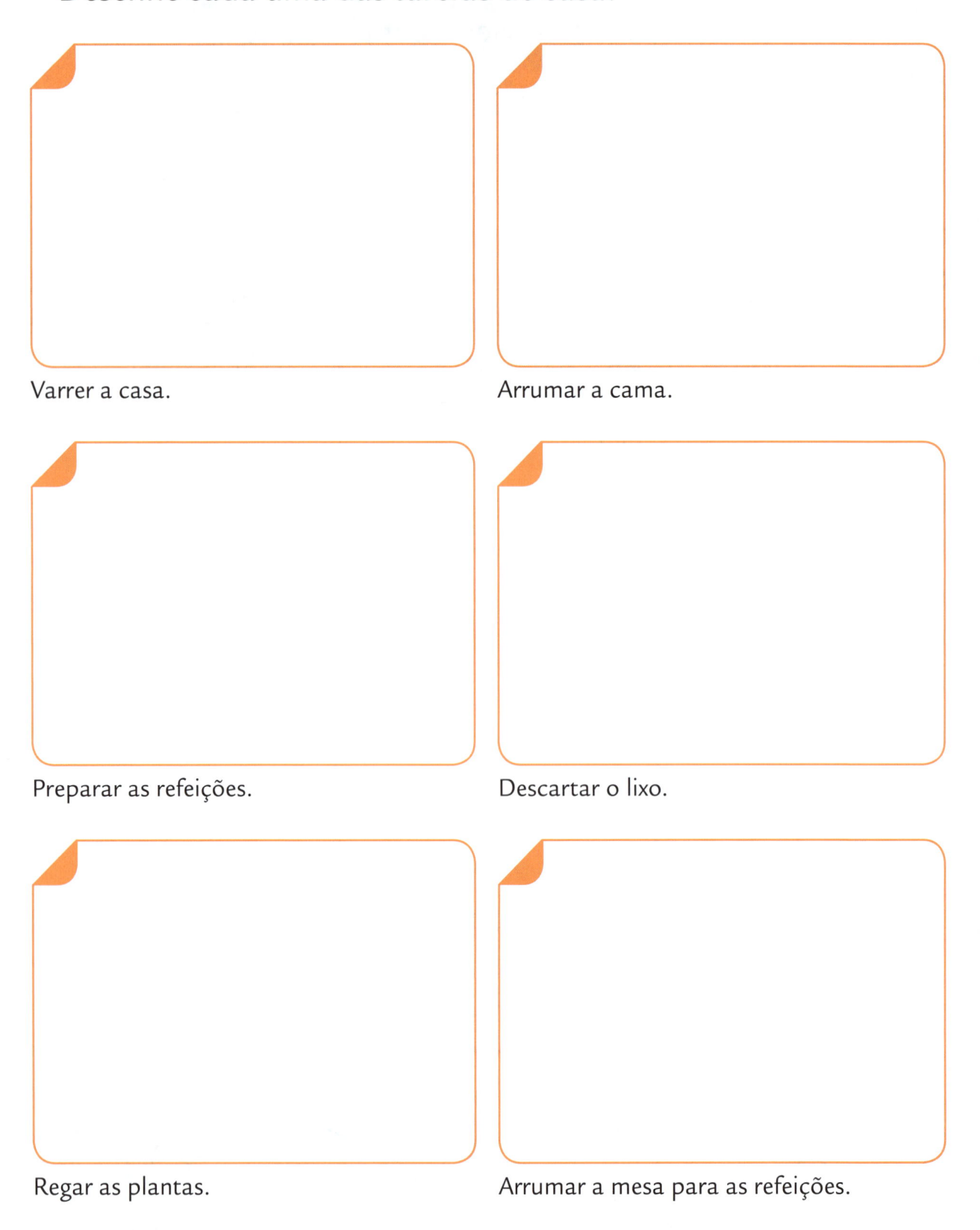

Varrer a casa.

Arrumar a cama.

Preparar as refeições.

Descartar o lixo.

Regar as plantas.

Arrumar a mesa para as refeições.

Comente com os colegas quais tarefas você realiza em casa, sozinho ou com ajuda de familiares.

UNIDADE 5

A escola

Depois da família, a escola costuma ser nosso segundo grupo de convivência.

Na escola aprendemos a ler, escrever, contar e resolver problemas; interagimos com outras crianças, professores e funcionários; fazemos amigos e nos divertimos muito!

Existem diferentes tipos de escola. Observe os exemplos a seguir e, depois, marque um **X** nas características da sua escola.

Escola municipal Doutor Rodrigues Lima. Mucugê, Bahia.

Escola particular Pingo de Gente. Itabirito, Minas Gerais.

- ☐ Grande.
- ☐ Pequena.
- ☐ Pública.
- ☐ Particular.

- ☐ Escola indígena.
- ☐ Escola rural.
- ☐ Escola urbana.
- ☐ Arborizada.

Faça um passeio pela escola com o professor e os colegas. Depois, pinte o nome dos espaços que você visitou.

Sala de aula.	Laboratório de Informática.
Refeitório.	Diretoria.
Biblioteca.	Parquinho.

Escolha dois espaços da escola de que você mais gosta e desenhe-os nos quadros abaixo.

Faça uma lista com o nome de seus colegas da escola.

Agora, desenhe uma atividade que você gosta de fazer com os colegas na escola.

Ligue os profissionais da escola a suas funções.

Auxilia a cuidar dos alunos em diversos espaços da escola.

Organiza a entrada e a saída dos alunos da escola.

Limpa e organiza a escola.

Realiza a gestão da escola.

Promove atividades físicas para os alunos.

Ensina os alunos a ler e escrever.

Como você chega até a escola? Observe as imagens a seguir e marque a resposta com um **X**.

A pé.

De bicicleta.

De carro.

De metrô.

De ônibus.

De barco.

Você mora perto ou longe da escola? Quem acompanha você no caminho até ela? Converse com os colegas e o professor.

UNIDADE 6

As profissões

Todas as pessoas têm direito ao trabalho e a uma profissão. Todos os trabalhos são úteis e importantes para a vida em sociedade.

Com a ajuda do professor, escreva o nome das profissões a seguir.

_____   _____

_____   _____

Complete o diagrama das profissões com as palavras do quadro.

| bombeiro | cozinheiro | fotógrafo |
| repórter | policial | enfermeiro |

Pinte os espaços com as cores indicadas e descubra uma profissão.

Com a ajuda do professor, escreva o nome da profissão que você descobriu.

_____

UNIDADE 7

A rua

A rua é um espaço público onde circulam pessoas e carros e onde ficam nossas casas.

Se essa rua, se essa rua fosse minha,
Eu mandava, eu mandava ladrilhar.
Com pedrinhas, com pedrinhas
de brilhantes,
Para o meu, para o meu amor passar.
[...]

Cantiga.

Há diferentes tipos de rua. Como é a sua rua?

Marque um **X** nas características da rua em que você mora.

☐ Asfaltada. ☐ De terra.

☐ Estreita. ☐ Larga.

☐ Com muitas casas. ☐ Com muitos prédios.

☐ Com muitos comércios. ☐ Com árvores.

☐ Com iluminação pública. ☐ Com pracinha.

O que há na rua onde você mora? Pinte o que podemos ver nela.

PADARIA

ESCOLA

FARMÁCIA

MERCADO

Com a ajuda de um familiar, escreva o nome de sua rua.

_____

_____

Observe as diferentes ruas a seguir. Qual delas se parece mais com a sua? Pinte-a utilizando muitas cores.

UNIDADE 8

O trânsito

Você sabe o que é trânsito e onde ele acontece?

Faça um desenho para representar o **trânsito**. Se desejar, faça uma pesquisa em livros ou na internet.

> O movimento de pessoas e veículos nas ruas e avenidas chama-se **trânsito**.

A fim de organizar a circulação de pedestres, motoristas e ciclistas pelas ruas, avenidas, ciclovias e calçadas, é preciso respeitar algumas regras e sinalizações.

Observe as imagens a seguir e faça um **X** somente naquelas em que aparecem sinais que ajudam na organização do trânsito.

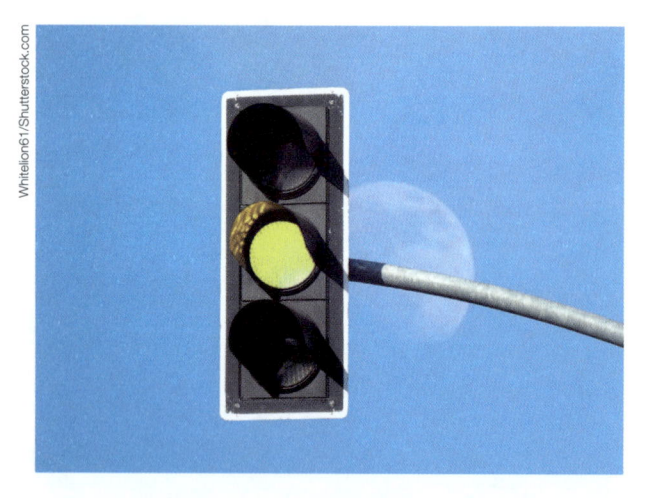

O semáforo para pedestre tem duas cores.

Verde indica: "Pode passar!". Os pedestres podem atravessar a rua, pois os carros devem estar parados.

Vermelho indica: "Pare!". Os pedestres devem esperar para atravessar a rua, pois os carros podem passar.

Marque um **X** na cena em que as pessoas estão atravessando a rua de forma segura.

O semáforo para veículos tem três cores. Pinte-o conforme a indicação das cores e suas funções.

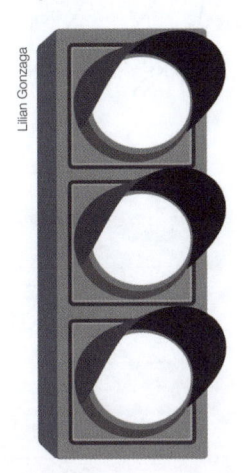

Vermelho indica: "Pare!".

Amarelo indica: "Atenção, o sinal vai fechar!"

Verde indica: "Sinal aberto. Siga!".

Pinte a cena com capricho e depois escreva uma legenda para ela com a ajuda do professor.

UNIDADE 9

Os meios de transporte

Os veículos que transportam pessoas, cargas e mercadorias de um lugar para outro são chamados de **meios de transporte**.

Dependendo da via por onde se locomovem, são classificados em aéreos, terrestres ou aquáticos.

Todos eles são muito importantes para o desenvolvimento de uma sociedade.

Qual é o meio de transporte mais utilizado por você e sua família? Desenhe-o no quadro abaixo.

Os meios de transporte **terrestres** são aqueles que se locomovem pelo solo: em estradas, avenidas, ruas e trilhos.

Procure no diagrama o nome dos meios de transporte terrestres ilustrados.

C	A	C	A	M	I	N	H	Ã	O
A	R	L	E	E	W	U	K	E	U
R	T	P	A	T	I	N	E	T	E
R	O	S	U	R	D	M	H	D	G
O	B	M	P	Ô	L	T	R	E	M
E	L	O	T	F	O	A	A	N	A
R	A	T	J	Ô	N	I	B	U	S
F	G	O	E	L	E	R	V	P	O
A	C	E	I	P	X	R	E	M	A
B	I	C	I	C	L	E	T	A	A

Os meios de transporte **aquáticos** são aqueles que se locomovem pelas águas de rios, lagos, mares e oceanos.

Faça um / nos meios de transporte aquáticos que você já viu.

Navio.

Canoa.

Barco.

Motocicleta aquática.

Balsa.

Veleiro.

Caiaque.

Bote inflável.

Jangada.

333

Os meios de transporte **aéreos** são aqueles que se locomovem pelo ar.

Observe a cena e circule apenas os meios de transporte aéreos.

Marque um **X** no nome de outros meios de transporte aéreos.

☐ Balão.   ☐ Motocicleta.

☐ Trem.   ☐ Foguete.

☐ Barco.   ☐ Jangada.

☐ Asa-delta.   ☐ Dirigível.

Volte à página 331, observe seu desenho e responda oralmente: O meio de transporte que você desenhou é terrestre, aquático ou aéreo?

UNIDADE 10

Os meios de comunicação

Os **meios de comunicação** são instrumentos ou mídias que possibilitam que as pessoas se comuniquem, mesmo que elas não estejam perto umas das outras.

Para saber as notícias da região ou do mundo, conversar com alguém que está distante, se divertir ouvindo rádio ou assistindo a filmes e desenhos animados utilizamos os meios de comunicação.

Cante a cantiga abaixo com os colegas e o professor. Depois, pinte o meio de comunicação citado nela.

Papagaio loro

Papagaio loro
Do bico dourado,
Mande esta cartinha
Para o meu namorado.

Se estiver dormindo,
Bata na porta.
Se estiver acordado,
Deixa o recado.

Cantiga.

Ilustrações: Estúdio Dois de Nós

Complete as frases a seguir.

- Nas minhas páginas, as pessoas leem notícias.
  Sou o _____.

- Na minha tela, as pessoas assistem a filmes e séries.
  Sou o(a) _____.

- Sou usado(a) para comunicar mensagens escritas.
  Sou um(a) _____.

- Sou usado quando as pessoas precisam falar com pessoas que estão longe.
  Sou o _____.

- Quando as pessoas me ligam, podem ouvir notícias e músicas.
  Sou o _____.

- Nas minhas páginas, as pessoas leem histórias, reportagens, entrevistas, pesquisas, veem ensaios fotográficos e outras imagens.
  Sou a _____.

- Sou usado para o trabalho e o estudo de muitas pessoas.
  Sou o _____.

- Nas minhas páginas, as pessoas leem poemas, histórias de ficção e muitas outras narrativas.
  Sou o _____.

Marque **X** nas sete diferenças da segunda cena.

UNIDADE 11

Datas comemorativas

Carnaval

Cada região do Brasil tem seu jeito de brincar e comemorar o Carnaval. Pessoas de todas as idades se fantasiam, pulam e dançam nas ruas e nos clubes.

Embora o Carnaval brasileiro seja o mais famoso do mundo, essa festa popular acontece em muitos outros países.

Como é o Carnaval de sua região? Converse com os colegas e o professor.

Desfile de bonecos gigantes em Olinda, Pernambuco, 2010.

Desfile do bloco Filhos de Gandhi em Salvador, Bahia, 2019.

Passistas de frevo em Recife, Pernambuco, 2016.

Desfile das escolas de samba do Rio de Janeiro, Rio de Janeiro, 2019.

Pinte e recorte o quebra-cabeça para brincar com os colegas.

Páscoa

A Páscoa é uma comemoração religiosa. Para os cristãos, ela celebra a ressurreição de Jesus Cristo.

O ovo e o coelho são símbolos dessa festa.

Vamos fazer uma viseira de coelhinho?

Cole papel picado na viseira e algodão nas orelhas do coelho. Depois, siga as orientações do professor para finalizar a montagem.

Dia do Livro

O Dia Nacional do Livro Infantil é comemorado em 18 de abril em homenagem ao nascimento de Monteiro Lobato – um escritor brasileiro muito importante para a literatura infantil. Uma de suas obras mais famosas é a coleção de livros do **Sítio do Picapau Amarelo**.

Pinte os dedoches da turma do Sítio do Picapau Amarelo e, com ajuda do professor, recorte-os.

Dia do Índio

Os povos indígenas são os primeiros habitantes do Brasil e são parte importante da população brasileira.

A fim de reconhecer seu valor para nossa história, nossos costumes e nossa cultura, foi escolhida uma data para celebrá-los.

Muitos alimentos que consumimos têm origem indígena. Observe as imagens a seguir e marque um **X** naqueles que você conhece.

Beiju.

Tacacá.

Pipoca.

Pamonha.

As peças de cerâmica são um exemplo da arte indígena. Observe a foto e pinte o desenho de acordo com ela usando tintas naturais. Siga as orientações do professor.

Artesanato da etnia Kadiuéu, Mato Grosso do Sul.

Dia das Mães

No 2º domingo do mês de maio é comemorado o Dia das Mães.

Pinte o cartão e escreva um recado para ela com a ajuda do professor. Depois, recorte-o e dobre-o para presenteá-la.

Mãe...

Festas Juninas

As Festas Juninas são tradicionais por todo o Brasil durante o mês de junho. Nelas, os cristãos celebram as festas de Santo Antônio, São João e São Pedro.

Há muitos elementos típicos dessas festas, como comidas, enfeites, roupas, danças, quermesses e quadrilhas.

Pinte o peixinho e, depois, recorte-o para brincar de pescaria com seus colegas.

Dia dos Pais

No 2º domingo do mês de agosto é comemorado o Dia dos Pais.

Monte o porta-retrato com a ajuda do professor e, depois, escolha uma foto sua com seu pai – ou alguém que você ame muito – para colar nele.

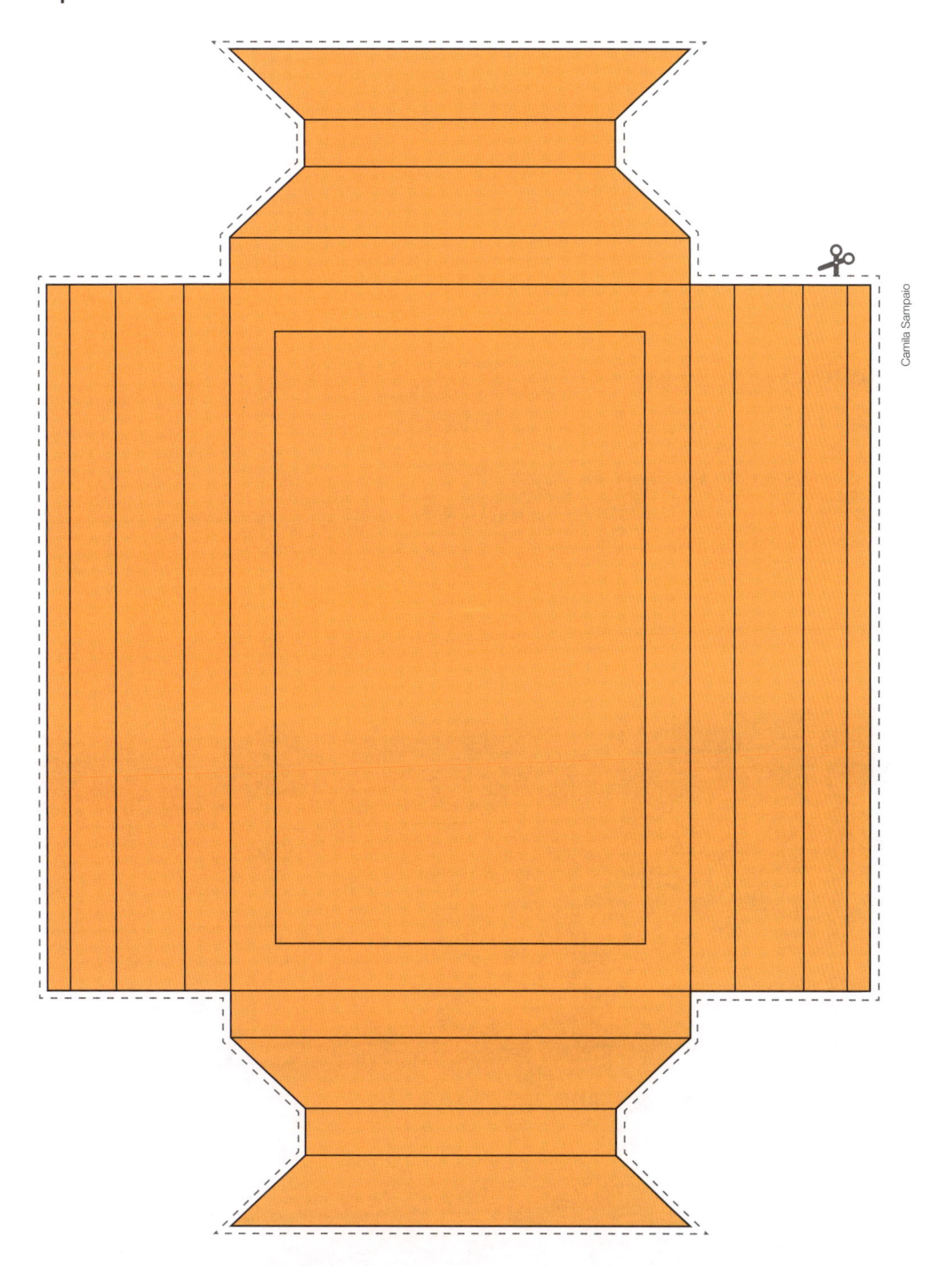

Dia do Folclore

No dia 22 de agosto é comemorado o Dia do Folclore.

O **folclore** é o conjunto de costumes, lendas e manifestações artísticas preservadas por um povo por meio da tradição oral.

Você conhece algum costume ou personagem do folclore brasileiro?

Desenhe e pinte de 🔴 o cabelo do Curupira.

Ouça um trecho da lenda da vitória-régia que o professor irá contar.

> Conta-se que, por isso, as flores perfumadas e brancas da vitória-régia só se abrem à noite: uma homenagem à Jaci, a deusa Lua. E, ao nascer do Sol, as flores ficam rosadas, como o rosto da índia guerreira Naiá.
>
> Brasil. Ministério da Educação. **A lenda da vitória-régia**. Brasília, DF: MEC, 2020. (Conta pra Mim). Disponível em: http://alfabetizacao.mec.gov.br/images/conta-pra-mim/livros/versao_digital/vitoria_regia_versao_digital.pdf. Acesso em: 26 jul. 2022.

Desenhe a flor da vitória-régia que se abre à noite e a flor que se abre durante o dia. Depois, pinte as vitórias-régias.

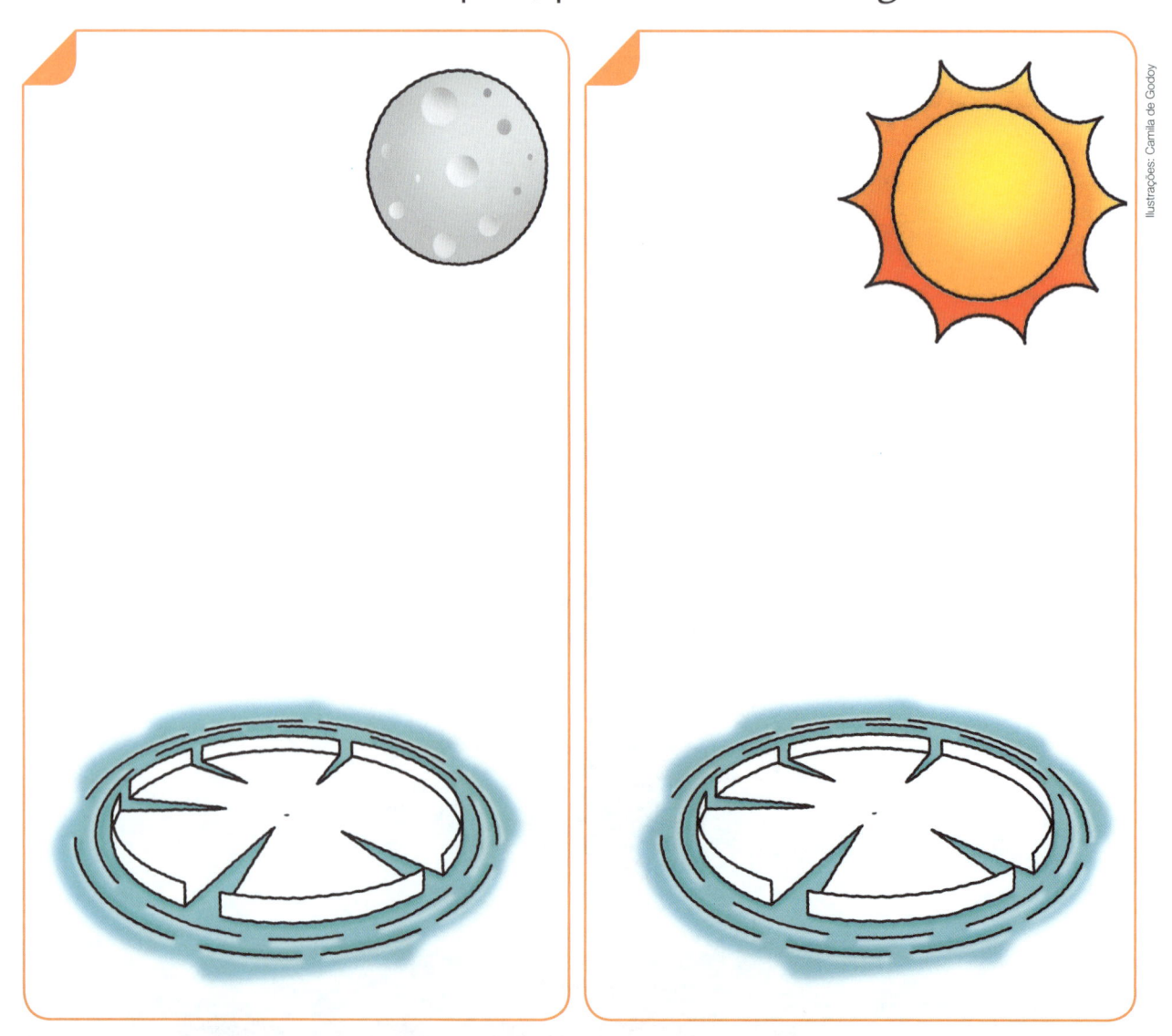

Dia da Independência do Brasil

No dia 7 de setembro, comemoramos a Independência do Brasil.

Para festejar esse dia, entre outros eventos, há desfiles cívico-militares em diversas cidades do país. Muitas escolas também organizam fanfarras e desfiles com os alunos.

Pinte os óculos e recorte-o para comemorar o Dia da Independência do Brasil.

Dia da Árvore

No dia 21 de setembro, comemoramos o Dia da Árvore.

As árvores ajudam a purificar o ar que respiramos e são muito importantes para o equilíbrio da vida em nosso planeta.

Enfeite os moldes e monte a árvore com a ajuda do professor.

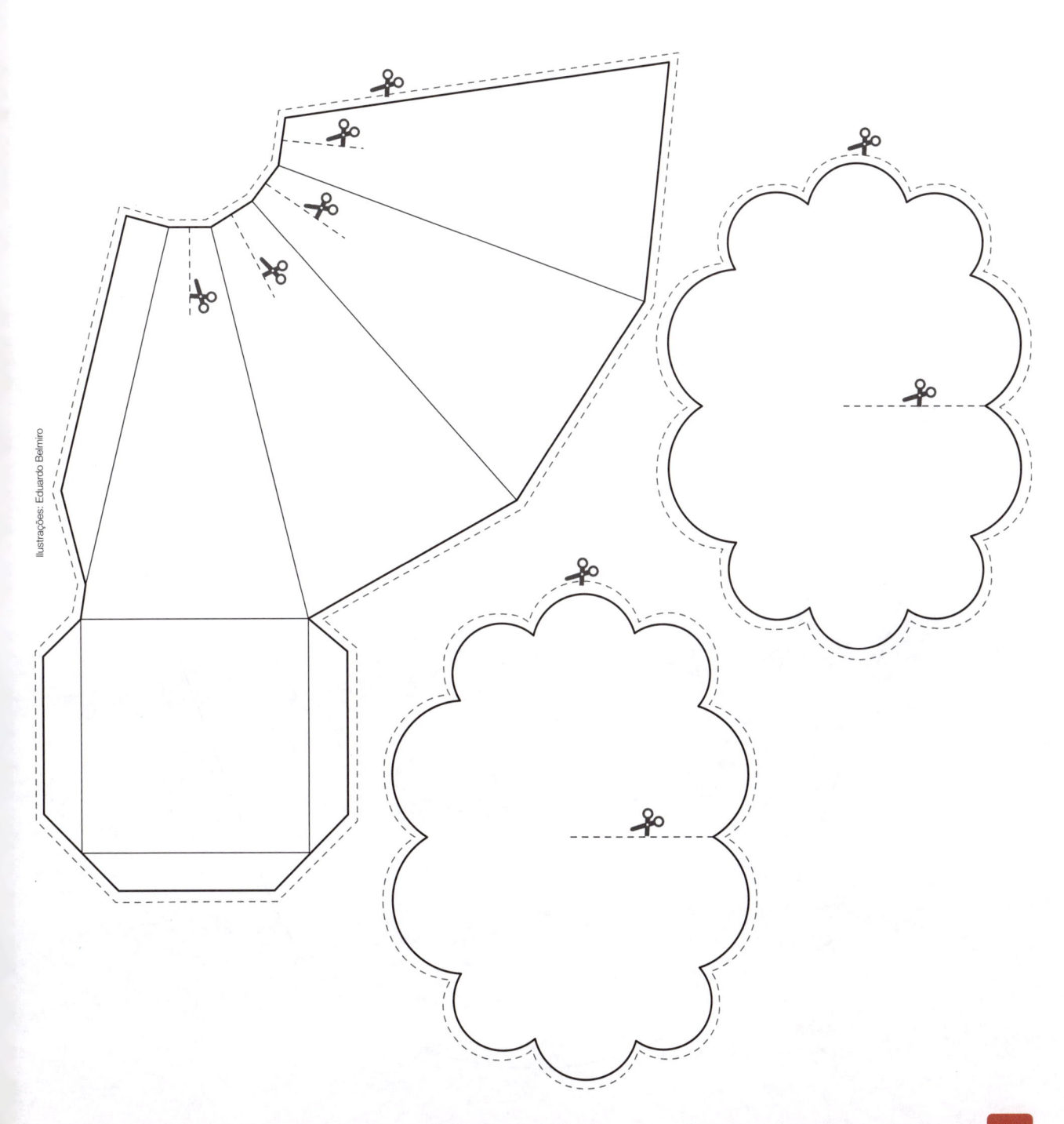

Dia da Criança

No dia 12 de outubro, comemoramos o Dia da Criança. Como você gostaria de comemorar essa data especial?

Com a ajuda do professor, faça uma marionete com material reciclável.

Você vai precisar de:

- rolo de papel higiênico;
- 40 cm de barbante;
- 4 tampinhas de garrafa PET;
- palitos de sorvete;
- cola;
- tesoura sem ponta.

Use a criatividade e escolha o tema de sua marionete.

Observe os elementos abaixo, pinte-os, recorte-os e cole-os para compor sua marionete.

Dia do Professor

No dia 15 de outubro, celebramos o Dia do Professor.

Nada mais justo do que celebrá-lo com carinho e respeito.

Pinte e recorte as peças abaixo para fazer um lindo marcador de página. Siga as orientações do professor para montá-lo. Depois, presenteie seu professor!

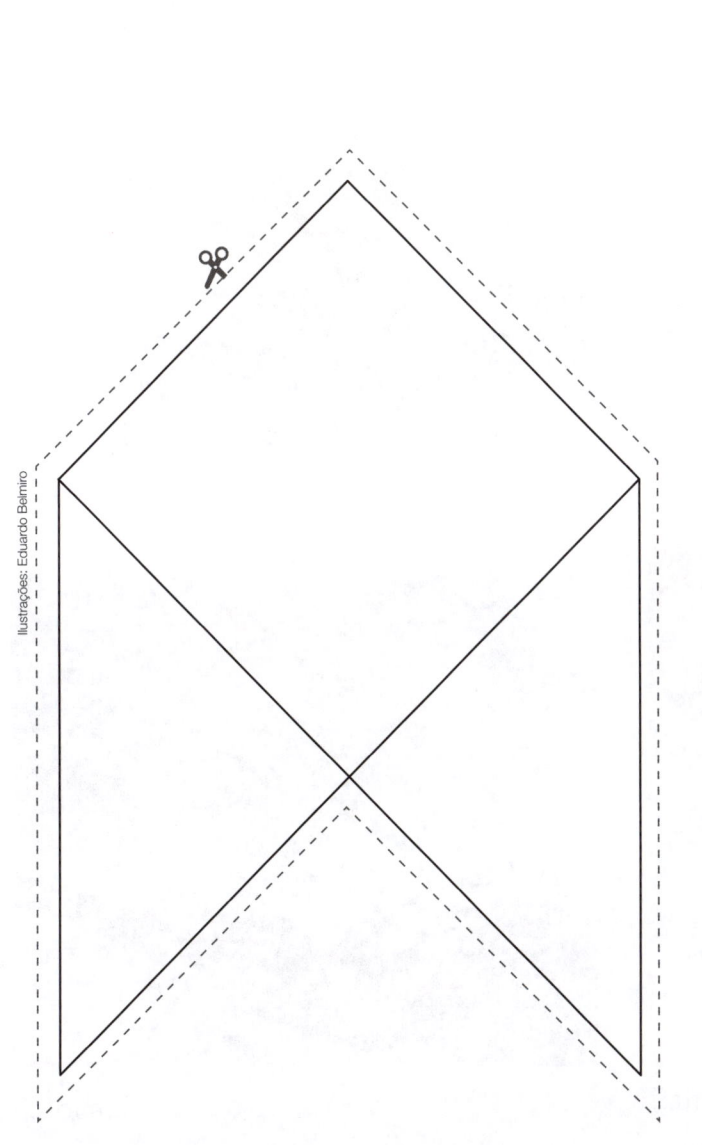

Feliz Dia do Professor!

Dia da Bandeira

No dia 19 de novembro, comemoramos o Dia da Bandeira. A bandeira e o hino nacional são símbolos de nosso país, o Brasil.

Recorte as figuras geométricas a seguir e monte a bandeira do Brasil. Depois, cole-a em uma vareta ou canudo feito de jornal e comemore esse dia com os colegas e o professor.

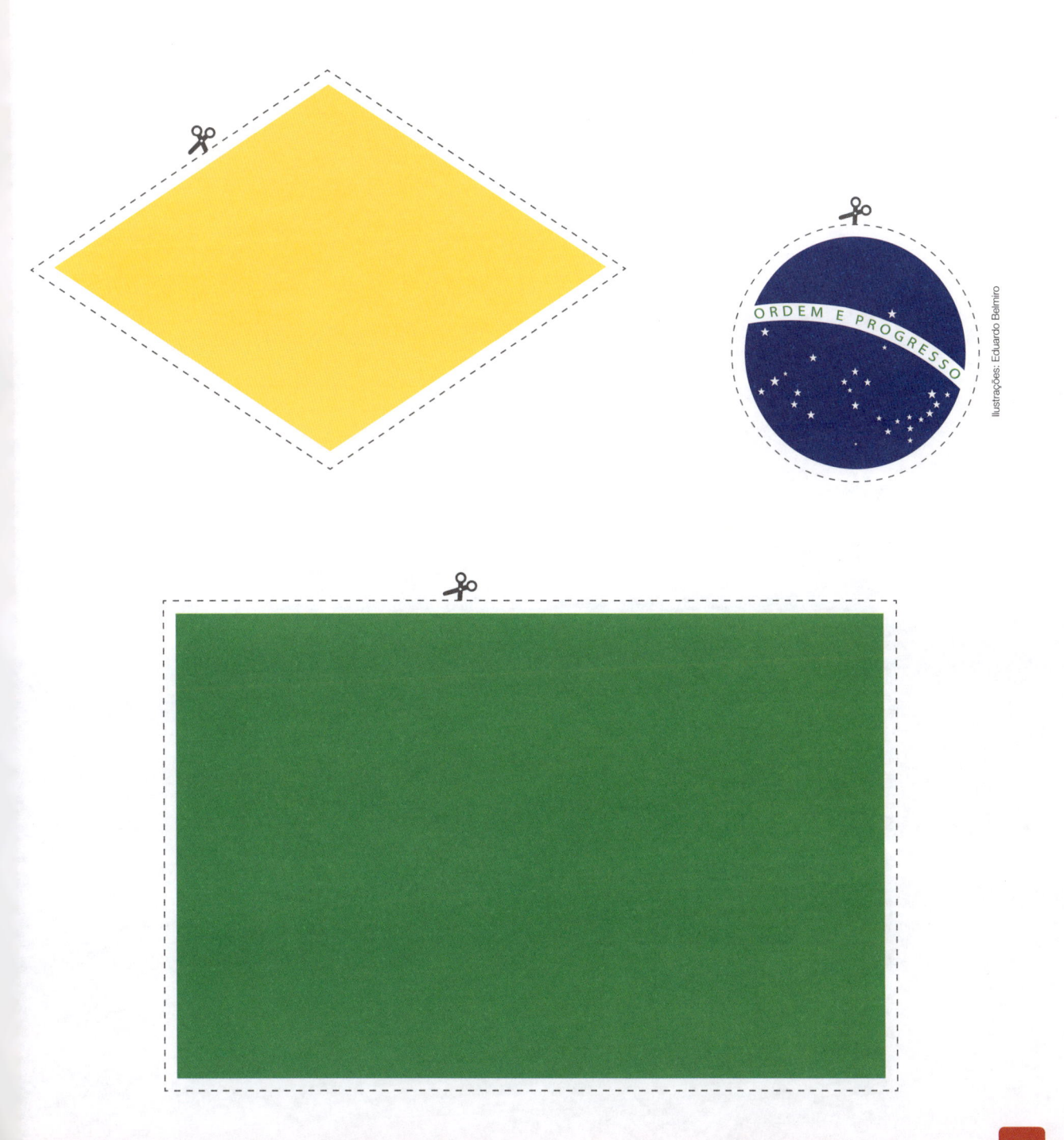

Ilustrações: Eduardo Belmiro

Dia da Consciência Negra

O Dia da Consciência Negra é celebrado no Brasil em 20 de novembro.

É uma data dedicada à importância da população negra na construção da sociedade e da cultura nacional. É também uma homenagem a Zumbi dos Palmares, considerado um dos maiores líderes da luta contra a escravidão.

Muitos elementos de nossa cultura vieram dos povos africanos. Observe as imagens a seguir e faça um **X** naquelas que você conhece.

Afoxé.

Acarajé.

Feijoada.

Agogô.

As máscaras de madeira africanas fazem parte da cultura desses povos e são usadas em manifestações artísticas e religiosas.

Pinte a máscara africana seguindo o modelo.

No dia 25 de dezembro, comemora-se o Natal, que é uma festa religiosa em que os cristãos celebram o nascimento de Jesus Cristo.

Na tradição atual, as famílias se reúnem, enfeitam as casas com pinheiros, pisca-piscas, guirlandas e outros elementos típicos.

Recorte as peças e cole-as em uma folha à parte para montar a árvore de Natal.